Die Kämpfe Der Germanen Gegen Die Erobernden Römer, Bis Zum Tode Armin's, Des Cheruskerfürsten, Nach Der Überkommenen Quellen Nebst Einem Geographischen Anhange...

Josef Wallner

Nabu Public Domain Reprints:

You are holding a reproduction of an original work published before 1923 that is in the public domain in the United States of America, and possibly other countries. You may freely copy and distribute this work as no entity (individual or corporate) has a copyright on the body of the work. This book may contain prior copyright references, and library stamps (as most of these works were scanned from library copies). These have been scanned and retained as part of the historical artifact.

This book may have occasional imperfections such as missing or blurred pages, poor pictures, errant marks, etc. that were either part of the original artifact, or were introduced by the scanning process. We believe this work is culturally important, and despite the imperfections, have elected to bring it back into print as part of our continuing commitment to the preservation of printed works worldwide. We appreciate your understanding of the imperfections in the preservation process, and hope you enjoy this valuable book.

Die

Kämpfe der Germanen

gegen

die erobernden Römer,

bis

zum Tode Armin's, des Cheruskerfürsten,

nach den überkommenen Quellen

nebst

einem geographischen Anhange

bearbeitet

von

Joseph Wallner,

Doctor der Philosophie und zweitem Erzieher der fürstlichen Prinzen von Thurn und Taxis.

Regensburg,

Papier, Druck und Verlag von Friedrich Pustet.

1857.

Vorwort.

Ist auch dem Menschen im Gewirre des irdischen Seins nur ein Haltpunkt gegeben, woran er sich gegenüber dem flüchtigen Scheine des Vergänglichen emporschwingt zur Erkenntniß des Göttlichen, des wechsellos Wahren und Ewigen, das er als Endziel seines Trachtens mit begeisterter Liebe festzuhalten strebt — nämlich die Religion: so ist doch dieser Veste zur Seite auch das Wissen eine erhabene Burg und erweist sich dem denkenden Geiste oft als der leitende Stern, der zur Wahrheit führt, wenn es anders jenen ersten Haltpunkt nicht aus dem Auge verliert. Im Bereiche des Wissens nun aber nimmt die

Geschichte eine der hervorragendsten Stellen ein. Sie führt uns ja als Zeugin der Zeiten die Vergangenheit vor, und zeigt uns, wie in den Geschicken der Völker aller freien Entwicklung und selbstständigen Thätigkeit ungeachtet die göttliche Vorsehung walte; sie weist uns hin auf die Erfolge edlen Strebens und erschließt uns den düstern Abgrund, in den die Verkehrtheit führt. Deßhalb war es zu allen Zeiten strebsamer Männer ernste Beschäftigung, die Thaten der Vorzeit zu berichten und in theils mahnenden, theils warnenden Vorbildern die Vergangenheit der Gegenwart vorzuführen. Da es nun aber keineswegs leicht ist, ein Gesammtbild der Wirksamkeit des menschlichen Geistes zu entwerfen, sondern dieses einen durch vieljährige Erfahrungen gereiften Geist erfordert, so ist es nicht Sache eines jungen Mannes, hierüber sein Urtheil kund zu geben. Für die Geschichte des engern Vaterlandes hingegen fühlt sich auch der Jüngere begeistert und hält eine Rückschau zu den Riesengestalten seiner ehrwürdigen Ahnen für nöthig, um sie den späteren nur zu oft verkommenen Enkeln als Vorbilder vorzustellen. Uns nun schien in der Geschichte unsers Vaterlandes besonders jene Zeit anregend, wo unsere Ahnen, nachdem sie kaum in die Weltgeschichte eingeführt waren, eine solche Frische der Thatkraft entwickeln, daß sie mehr als einmal das damals weltbeherrschende Römer-Reich an den Rand der Vernichtung bringen und solche Bewunderung selbst bei ihren Feinden finden, daß die bedeutendsten Schriftsteller jener Zeit den Germanen das glänzendste Lob spenden und deren dauernden Widerstand im hartnäckigen Kampfe bewundern.*) Diese Zeit des ersten Auftretens der germanischen Stämme, besonders aber „die Kämpfe derselben gegen die erobernden Römer" nach den überkommenen Quellen zu behandeln, soll unsere Aufgabe sein. Daß diese Behandlung vielleicht zu wenig den Charakter germanischer Thaten bekundet, ist wohl nicht zu verkennen; doch wenn man bedenkt, daß für die Geschichte jener Zeit uns nebst

---

*) Tac. Germ. c. 37. Non Samnis, non Poeni, non Hispaniae Galliave, ne Parthi quidem saepius admonuere....

Tac. ann. II. 88. (Arminius), qui non primordia..., sed florentissimum imperium lacessierit: proeliis ambiguus, bello non victus.

Flor. IV. 12. Germaniam quoque utinam vincere tanti non putasset; magis turpiter amissa est, quam gloriose acquisita.

C. Dio nur die Berichte römischer Autoren überkommen sind, so wird man den erwähnten Umstand dem Verfasser nachzusehen geneigt sein, zumal derselbe für diese Schrift, als den Erstlingsversuch schwacher Kräfte, ein schonendes Urtheil strenger Prüfer und billige Nachsicht hoffen zu dürfen glaubt.

Inhalts-Verzeichniß.

	Seite
Vorwort	III
§. 1. Nordische Völkerschaften in Italien	1
§. 2. Die Cimbern und Teutonen	2
§. 3. C. Julius Cäsar in Germanien	9
§. 4. Festsetzung germanischer Stämme am linken Rheinufer	13
§. 5. Die Niederlage des M. Lollius	15
§. 6. Römische Legionen am Rhein stationirt	16
§. 7. Unterwerfung der Donau-Länder durch Drusus und Tiberius	17
§. 8. Drusus erhält den Oberbefehl über die Legionen am Rhein	18
§. 9. Die zwei ersten Feldzüge des Drusus	19
§. 10. Der dritte und vierte Feldzug des Drusus	24
§. 11. Tiberius kämpft gegen die Pannonier	28
§. 12. Tiberius übernimmt den Oberbefehl über die Legionen am Rhein	29
§. 13. Domitius Ahenobarbus und Vinicius in Germanien	31
§. 14. Erneute Kämpfe des Tiberius in Germanien	33
§. 15. Des Tiberius Kampf gegen den Sueven-Bund und dessen Führer Marbod	33

		Seite
§. 16.	Die Varus-Niederlage und Germaniens Befreiung durch Armin	39
§. 17.	Folgen des Sieges der Germanen im Teutoburger-Walde	46
§. 18.	Erneute Kriege des Tiberius	47
§. 19.	Tod des Kaisers Augustus	49
§. 20.	Aufruhr der Legionen in Pannonien und Germanien	50
§. 21.	Erster Feldzug des Germanicus	52
§. 22.	Zweiter Feldzug des Germanicus	54
§. 23.	Dritter Feldzug des Germanicus	60
§. 24.	Kampf zwischen Armin und Marbod	68
§. 25.	Armin's Tod	70
§. 26.	Schluß	72
	Geographischer Anhang	73

§. 1.
Nordische Völkerschaften in Italien.

Der erste Anstoß zu den in der Folge so gewaltigen Kämpfen zwischen den Römern und nordischen Stämmen erfolgte nach Livius schon frühzeitig, als unter Bellovesus Bituriger, Arverner, Senonen, Aebuer, Ambarren, Carnuten und Aulerken, gallische Völkerschaften, über die Alpen nach Italien kamen, dort nach Besiegung der Tuscier im Gebiete der Insubrer Mediolanum (Mailand) gründeten und diesen später die Cenomanen, Salluvier, Bojer und Lingonen folgten, welche in Italien beträchtliche Eroberungen machten.[1] Die Belagerung von Clusium aber und die Einnahme Rom's durch die Senonen,[2] so wie die ganze Bedrängniß, in der die Römer sich befanden und die nur durch einen günstigen Zufall[3]

---

[1] Liv. V, 34 etc.

[2] Liv. V, 35. .. Tum Senones .... Hanc gentem Clusium Romamque inde venisse comperio. — Polyb. II, 25.

[3] Liv. V, 47. Anseres non fefellere.... Quae res saluti fuit. Namque..., excitus M. Manlius. Plut. Cam. c. 27.... Ἀλλὰ χῆνες ἦσαν ἱεροὶ περὶ τὸν νεὼν τῆς Ἥρας

und einen biederen Helden abgewendet wurde,[1]) so wie der im Laufe der Zeit erfolgte Kampf gegen die Illyrier unter ihrer Königin Teuta[2]) ließen keinen Zweifel, wie erschütternde Kräfte die heldenmüthigen Römer dereinst von Norden her bedrohen würden, und wie gerecht das Entsetzen war, das Rom befiel, als mit dem Anrücken der gewaltigen Mächte des Nordens, besonders aber der naturwüchsigen Germanen, die Wendung eintrat, die langsam und in mannichfachem Wechsel, aber sicher zum Untergange führte.

§. 2.
Die Cimbern und Teutonen.

Vorerst zwar mußte von den Römern die Weltherrschaft errungen sein, bevor die Zeit erschienen war, in der ihnen mit dem noch einzig freien, thatkräftigen und lebensfrischen Volke der Germanen ein Kampf bevorstehen sollte. Die ersten germanischen Stämme, mit denen ein Zusammentreffen Statt fand, waren die Cimbern und Teutonen, die man im Beginne der Kriege als unzertrennlich verbunden betrachten kann, da kein hinreichender Grund vorhan-

---

etc. .... ἐκεῖνοι δὲ, καὶ διὰ λιμὸν ἀγριωτικοὶ καὶ θορυβώδεις γεγονότες, ταχὺ τὴν εἴσοδον ᾔσθοντο τῶν Γαλατῶν.

1) Liv. V. 49. .... dictator intervenit auferrique aurum de medio, et Gallos summoveri jubet.
2) Polyb. II. Bch. 4. 6. 8—12; Florus II. 5.

ben ist, auch nur ein späteres Ausrücken des einen oder andern Volkes anzunehmen. Sie sind ungeachtet mancher unbestimmter [1]) Angaben nach den Bestimmungen glaubwürdiger [2]) Schriftsteller germanischer Abkunft, und wenn man sie bei kunstvolleren Autoren Gallier [3]) genannt findet, so hat es vielleicht nebst manchem Mythischen keine weiter reichende Bedeutung, als daß sie sich gefallen, die größten Gefahren, in denen die Republik in ihrer Jugend und in ihrem Alter geschwebt war, durch den Namen eines Volkes eng unter sich verknüpfen zu können. Mit diesen Stämmen nun, deren Wohnsitze wir ohne Zweifel auf der Halbinsel Jütland anzunehmen berechtigt sind, von wo sie aber nicht sicher ermittelte Gründe fortzuziehen veranlaßten, werden die Römer unter dem Consulate des Cäcilius Metellus und Papirius Carbo (114 v. Chr.) [4]) zum ersten Male bekannt und treffen sie

---

[1]) Strabo VII. — Diod. S. V. 32. Herod. IV. 11. . . . Σκύθας . . . οἴχεσθαι . . . ἐπὶ γῆν τὴν Κιμμερίην . . . . IV. 12. καὶ νῦν ἔστι μὲν ἐν τῇ Σκυθικῇ Κιμμέρια τείχεα . . . . ἔστι δὲ καὶ χώρη οὔνομα Κιμμερίη etc.

[2]) Tac. Germ. 37. Eundem Germaniae sinum . . . . Cimbri tenent etc. "dazu Ptol. II. 11. Plin. h. n. IV. 13, 27 u. (28 zu den Ingävonen gezählt).

[3]) Sallust. Jug. 114. per idem tempus adversum Gallos . . . . pugnatum.

[4]) Tac. Germ. . . . cum primum Cimbrorum audita sunt arma, Caecilio Metello ac Papirio Carbone Consulibus.

auf einem Wanderzuge in Germanien begriffen. In diesem stießen sie in Böhmen auf die Bojer, von welchen sie zurückgeworfen wurden. Sofort erscheinen sie in feindlicher Berührung mit den Norikern, die bereits Bundesgenossen [1]) der Römer waren, was zunächst Anlaß zu feindlichem Auftreten der Römer gegen sie war. Denn obwohl die Cimbern und Teutonen in Italien einzufallen ursprünglich nicht beabsichtigten, so hatten die Römer, dieses befürchtend, doch eine beträchtliche Armee in den Alpendurchgängen unter der Anführung des Consuls Papirius Carbo in Bereitschaft gesetzt. Durch die Noriker bestimmt trachtete der Consul mit diesen germanischen Stämmen die Feindschaft zu eröffnen. Zwar antwortete er einer Gesandtschaft, die bei ihm die Entschuldigung der Cimbern wegen ihres Benehmens gegen die Noriker vorgebracht hatte, freundlich und theilte ihnen als Beweis seiner Geneigtheit Wegweiser zu. Jedoch ließ er sie durch diese auf Irrwege leiten und griff sie (113 v. Chr.) bei [2]) Noreja in Steiermark an. Schwer aber

---

1) Liv. epit. LXIII. 22. 23. 24. 25 etc. besonders 22: quod amicos et hospites populi Romani Noricos popularentur.

ad 4) Liv. LXIII. 19. . . . non ideo minus Cimbri Teutonique, gentes Germaniae, foedam sociorum primo, mox civium Romanorum stragem ediderunt.

2) Vellej. Pat. II. 12. Effusa immanis vis Germanarum gentium, quibus nomen Cimbris ac Teutonis erat,

büßte er seine Treulosigkeit; denn er erlitt eine so furchtbare Niederlage, daß nur Wenige seines Heeres ihrem Verhängnisse entgingen; ja, es wären Alle verloren gewesen, wenn nicht Finsterniß, Regen und gewaltig losgebrochene Donnerschläge nebst dem Entsetzen über den Kampf der Elemente ihren Kampf beendet hätte. Nun wäre zu erwarten gewesen, daß die siegreichen Schaaren über die Alpen nach Italien gingen; aber unbekannt mit den Verhältnissen des römischen Weltreiches mochte es ihnen trotz der römischen Niederlage leichter scheinen, ihre Wohnsitze im Westen, als im Süden zu finden. Sie wandten sich also, nachdem sich die Tiguriner[1] an sie angeschlossen hatten, nach Gallien, welches sie vier Jahre hindurch siegreich verheerten; nur die Belgier sollen zu widerstehen vermocht haben.[2] Erst

---

cum etc. . . . et ante Carbonem Silanumque fudissent fugassentque in Galliis etc. — Florus III. 3. Cimbri, Teutones atque Tigurini ab extremis Galliae profugi . . . . novas sedes toto orbe quaerebant. . . . . . Omnes fugati, exuti castris . . . Actum erat, nisi M. illi saeculo contigisset. — Strabo V. Liv. epit. LXIII. 27. . . . Consulem magna cum clade rejiciunt funduntque, et nisi ingens vis imbrium coorta duos exerc. diremisset etc.

1) Liv. epit. LXV. 56. Tigurinos Cimbri excitaverant etc.

2) Caesar b. G. VII. 77. . . . . . Facere quod nostri majores, nequaquam pari bello Cimbrorum Teutonumque, fecerunt; qui . . . . , neque se hostibus transdi-

nach so geraumer Zeit wurde von den Römern, welche die gefährlichen, noch unbesiegten Feinde nicht ohne Grund fürchteten, der Consul Silanus [1] mit einem Heere gegen sie gesandt (im J. 109 v. Chr.). Daß sie als Sieger in ganz Gallien diesen um Land gebeten hätten und von ihm an den Senat gewiesen worden wären, wird, so auffallend es scheint, doch als Thatsache gemeldet. Erst nach abschlägigem Bescheid ihrer Bitte, rückten sie gegen den Consul und schlugen sein Heer. Zwei Jahre später (im J. 107 v. Chr.) widerfuhr dem Consul Cassius von den Tigurinern [2] dasselbe; er selbst fiel in der Schlacht und seine Truppen mußten sich sogar der schmählichen Erniedrigung fügen, unter das Joch geschickt zu werden. Da endlich noch der Legat Marcus Aurelius Scaurus unglücklich geendet hatte und (im J. 105 v. Chr.) zwei sehr

---

derunt. — Idem II. 4. Plerosque Belgas ortos ab Germanis . . . solosque esse, qui . . . . , Teutonos Cimbrosque intra fines suos ingredi prohibuerint.

[1] Liv. epit. LXV. 16. . . . si agri darentur, manus et arma sua Romanis auspiciis offerentes: neque agros dare p. R., neque illis auxiliis indigere responderat (Silanus).

[2] Caesar I. 7. Caesar, quod memoria tenebat, L. Cassium Consulem occisum, exercitumque ejus ab Helv. pulsum et sub jugum missum etc. — I. 12. Is pagus appellabatur Tigurinus. Dazu Oros. V. 12. Liv. Vellej.

bedeutende Heere, die unter dem Consul Cn. Manlius und dem Proconsul Q. Servilius Caepio[1]) standen, von den kampf- und siegegewohnten Feinden, mit denen sich überdieß noch die Ambronen vereinigt hatten, besiegt und fast gänzlich aufgerieben worden waren, schien die Zeit des Hannibal wiedergekehrt zu sein und um die Römer wäre es wohl geschehen gewesen, hätte sich nicht Marius zur Rettung vorgefunden. Zu Arpinum geboren, war er durch sein Jugendleben auf die niedern Schichten des Volkes hingewiesen und voll des Gefühles eigener Kraft hatte im afrikanischen Kriege seine Tüchtigkeit bereits den erwünschten Schauplatz und seine Thätigkeit glänzenden Ruhm erlangt. Zu wiederholten Malen als Consul gewählt, hatten ihm die siegreichen germanischen Horden, welche anstatt nach Italien unbegreiflicher Weise nach Spanien sich wandten, vier Jahre Zeit gelassen, sich ein angemessenes Heer zu üben. Ja, sie hatten sich zu ihrem eigenen Unglücke überdieß bei ihrer Rückkehr aus Spanien getrennt. Die Teutonen gingen mit den Ambronen gegen Ligurien, um über die Seealpen sich einen Weg zu bahnen und einzubringen und wurden so vereinzelnt bei Aquae Sextiae (im J.

---

1) Liv. epit. LXVII. 5. Cimbri . . . duos exercitus Romanos, spatio locorum et simultate ducum divisos oppresserunt, binisque castris potiti sunt. Horrenda deinde, quae etc. Plut. Mar. 11. — Oros. V. 15. — Vellej. — Eutr. V. 1.

102 v. Chr.) gänzlich besiegt.¹) Den Cimbern, die von Norikum her in Italien einbrachen, hatte sich der Consul²) Catulus entgegengestellt, und während sie ihre Brüder,*) die Teutonen, um deren Niederlage sie nichts wußten, erwarteten, hatte Marius Zeit, mit seinem siegesmuthigen Heere heranzurücken und sich mit Catulus zu vereinigen. So war es möglich, daß sie nicht bloß besiegt, sondern bei Vercellä (im J. 101 v. Chr.) in den sogenannten raudischen Ebenen der gänzlichen Vernichtung geweiht wurden.³) Ungeachtet dieses für die

---

1) Plut. Mar. 15—21. Front. II. 4. 9. Vellej. Val. Max. VI über Marius. — Liv. epit. LXVIII. 15. Sic ad Aquas Sextias processum etc... ibidem 24. Romani universam a se Teutonorum gentem esse deletam gloriati sunt etc.

2) Liv. epit. LXVIII. 47.... Q. Catulus in Tridentino saltu ita se muniverat, ut etc.

*) Plutarch's Marius c. 24.: Ἐρομένου δὲ τοῦ Μαρίου τοὺς πρέσβεις περὶ τῶν ἀδελφῶν, κἀκείνων ὀνομασάντων τοὺς Τεύτονας, οἱ μὲν ἄλλοι πάντες ἐγέλασαν, ὁ δὲ Μάριος ἔσκωψεν εἰπών· Ἔατε τοίνυν τοὺς ἀδελφούς· ἔχουσι γὰρ γῆν ἐκεῖνοι, καὶ διὰ παντὸς ἕξουσι, παρ' ἡμῶν λαβόντες etc. cap. 25 etc. .... χώραν δὲ τὸ πεδίον τὸ περὶ Βερκέλλας ... etc.

3) Liv. epit. LXVIII. 64. Ita factum, ut incredibili strage, minimoque Romani exercitus damno, vis illa Cimbrorum, tot per annos omnibus late imperiis gentibusque formidulosa, prosterneretur etc.

Römer so günstigen Ausganges hatten die Cimbern und Teutonen bei den Römern ein so bleibendes Andenken hinterlassen, daß die Erinnerung an ihre Besiegung in gefahrvollen Zeiten der Folge Muth und Vertrauen einflößte.[1]

§. 3.
C. Julius Cäsar in Germanien.

Die Angaben über das spurlose Verschwinden solch gewaltiger Völker ist wohl mehr der Freude und dem Jubel des Sieges, als der Wahrheit angemessen, wie sich denn wirklich als Nachkommen der Verbündeten nach Cäsar's Angabe die Aduatiker finden,[2] ein germanisches Volk der Cimbern[3] noch mehr als hundert Jahre besteht und der Name der Teutonen im nördlichen Germanien, wenn auch nicht geschichtlich, doch geographisch sich erhält.[4] Indeß scheinen die Römer durch eine Reihe von Jahren mit germanischen Stämmen nicht in feindliche Berührung gekommen zu sein, ohngeachtet berichtet

---

[1] Caesar b. G. I. 40. ... Factum ejus hostis periculum patrum nostrorum memoria, quum, Cimbris et Teutonis a C. Mario pulsis etc.

[2] Caesar b. G. II. 29. Ipsi erant ex Cimbris Teutonisque prognati etc. — 33. — Dio Cass. XXXIX, 4.

[3] Tac. Germ. 37. Eundem G. sinum Cimbri tenent, parva nunc civitas etc.

[4] Bei Mela III. 3. Plin. XXXVII. 2. 11. Ptol. II. 11. 17.

wird, Mithridates habe bei seinem Plane, von Europa aus gegen Italien einzudringen, auf nordischen Beistand[1] gerechnet und seine Gedanken hätten ihn zu den Celten gedrängt, was eine Geneigtheit dieser Völker, ihn unterstützen zu wollen, voraußsetzt; ohngeachtet auch im Gladiatorenkrieg Manches an germanische Schaaren mahnt[2] — weil alle diese Berichte zu unsicher sind, als daß sie geschichtliche Begründung genößen. Rom selbst befand sich, durch innere Zwiste seine Kräfte zersplitternd, in der Lage, von der ein großer Geschichtschreiber[3] sagt: „Zu der Zeit erschien mir das römische Reich bedauernswerth, wie noch nie. Vom Aufgange bis zum Niedergange der Sonne hatte es mit den Waffen seiner Herrschaft den Weg gebahnt; Ruhe und Reichthum, was den Sterblichen als das Höchste gilt, besaß es in Fülle, und dennoch gab es Bürger, die mit starrem Trotze sich und den Staat in's Verderben zu stürzen drohten." So stand es, bis (im J.

---

1) Plut. Pomp. 41. . . . . . $\delta\iota\grave{\alpha}\ \Sigma\varkappa\upsilon\vartheta\tilde{\omega}\nu\ \varkappa\alpha\grave{\iota}\ \Pi\alpha\iota\acute{o}\nu\omega\nu\ \sigma\tau\varrho\alpha\tau\grave{o}\nu\ \grave{\epsilon}\lambda\alpha\acute{\upsilon}\nu\epsilon\iota\nu\ \grave{\epsilon}\pi\grave{\iota}\ \tau\grave{\eta}\nu\ \text{'}I\tau\alpha\lambda\acute{\iota}\alpha\nu.$

2) Plutarch's Crassus.

3) Sallust im Catilina c. 36.: „Ea tempestate mihi imperium populi Romani multo maxume miserabile visum est: cui quum ad occasum ab ortu solis omnia domita armis parerent, domi otium atque divitiae, quae prima mortales putant, adfluerent; fuere tamen cives, qui seque remque publicam animis obstinatis perditum irent."

58 v. Chr.) C. Julius Cäsar als Proconsul nach Gallien kam und dort nach Besiegung der Helvetier bei Bibracte[1]) auf vielfache Klagen der befreundeten Gallier sich veranlaßt sah, sein Heer gegen den Germanen Ariovist,[2]) der sich, von den Sequanern gegen die Aeduer zu Hilfe gerufen, im Gebiete der ersteren niedergelassen hatte, zu führen. Ariovist erlitt in diesem Kampfe von Cäsar bei Vesontio (Besançon) eine vollständige Niederlage.[3]) In den zunächst folgenden Jahren wurden die gallischen Völker von Cäsar der römischen Herrschaft unterworfen. Als sodann im Jahre 55 v. Chr. die aus ihren ursprünglichen Wohnsitzen vertriebenen Usipeter und Tenchterer nach langem unstäten Umherirren in Germanien über den Rhein gingen, um in Gallien neue Wohnsitze zu suchen, wurden ihnen diese von Cäsar verweigert,[4]) sie selbst besiegt und viele flüchteten sich über den Rhein zurück, vorzüglich aber hatte sich der Theil der Reiterei, welcher

---

1) Caesar b. G. I. 23. . . . Bibracte ire contendit etc. — c. 26.

2) Caesar b. G. I. 30. 31. Sed pejus victoribus Sequanis, quam Aeduis victis accidisse, propterea quod Ariovistus, rex Germanorum, in eorum finibus consedisset etc.

3) Caes. I. 51. 52. 53. . . . Omnes hostes terga verterunt, neque prius fugere destiterunt, quam ad flumen Rhenum . . . perv. etc.

4) Caesar b. G. IV. 14. 15. 16.

nicht an dem Treffen Theil genommen hatte, in das Gebiet der Sigambern begeben.[1]) Cäsar forderte deren Auslieferung, und als die Sigambern diese verweigerten, schlug er im Gebiete der Ubier eine Brücke[2]) über den Rhein und drang in das Land der Sigambern ein. Da sich jedoch diese in ihre Wälder geflüchtet hatten, begnügte er sich mit Verwüstung der Ländereien und kehrte nach 18 Tagen schon wieder nach Gallien zurück, die Brücke hinter sich abbrechend.[3]) Noch ein zweites Mal überschritt Cäsar (im Jahre 53 v. Chr.) wegen der von den Ubiern vermeintlich den Trevirern geleisteten Hilfe den Rhein;[4]) da aber die Hilfe, wie sich ergab, von den Sueven geleistet worden war und diese sich in den Bacenis-Wald zurückgezogen hatten, um dort die Römer zu erwarten, sah er sich auch dieses Mal ohne weitere wichtige Unternehmungen sehr bald zur Rückkehr nach Gallien veranlaßt. Daselbst war im Kampfe mit den Eburonen von ihm auch die Macht des Ambiorir,[5]) des mächtigsten Beschützers der Gal-

---

1) Caesar b. G. IV. 16.

2) ibidem c. 17., wo der Brückenbau ganz genau beschrieben ist.

3) Ibidem c. 19.

4) Caesar b. G. VI. c. 9 etc. Caesar duabus ex causis Rhenum transire constituit, quarum altera erat, quod auxilia contra se Treviris miserant . . . . Cognita Caesar causa reperit, ab Suevis auxilia missa esse.

5) Caesar b. G. VI. 30. . . . . fugientem silvae texerunt etc.

lier, gebrochen und am Rhein war dadurch das Uebergewicht der Römer so sehr hervorgetreten, daß von dieser Zeit an Germanen in römische Kriegsdienste zu treten pflegen.¹) Doch erhellt aus dem Bisherigen, daß Cäsars Unternehmungen gegen die Germanen eng begrenzt waren und sein am Ende des Lebens entworfener Kriegsplan zeigt klar, wie richtig er den Lobpreisungen seiner Zeitgenossen gegenüber die Verhältnisse der in Schlachten nicht bezwungenen Germanen zu würdigen verstand, und wie ein einheitliches Auftreten des Nordens dem großen Feldherrn gleich einem Gespenste vorschwebte.

§. 4.
Festsetzung germanischer Stämme am linken Rheinufer.

Indeß waren während der Unterwerfung Galliens durch Cäsar einige germanische Stämme, na-

---

1) Dio Buch 47 cap. 48. . . . ηὐτομόλησαν παρ᾽ ἐκείνων πρὸς τὸν Βροῦτον ἐκ τοῦ Κελτικοῦ τινες etc..

Tac. hist. IV. 12. (Batavi) nec opibus Romanis, societate validiorum, adtriti viros tantum armaque ministrant.

Appian III. 97 u. 98 erwähnt celtische Reiter.

Caesar de b. civ. II. 64.

Suet. Aug.: item Germanorum quam usque ad cladem Varianam inter armigeros circa se habuerat.

mentlich die Triboker, Nemeter und Vangionen[1] über den Rhein gegangen und hatten sich dort festgesetzt, und im Jahre 36 wurden von Vipsanius Agrippa, der als der zweite Feldherr der Römer, jedoch den Kampf vermeidend, den Rhein überschritt, die schon früher den Römern freundlich gesinnten Ubier[2] auf ihren eigenen Wunsch nach Gallia Belgica an's linke Rheinufer verpflanzt. Bald darauf finden wir auch die Tungrer, Gugerner, Menapier, Toxandrer[3] und Bataver in diesem Theile von Gallia Belgica, der von da an Germania cisrhe-

---

[1] Tac. Germ. c. 28. Ipsam Rheni ripam haud dubie Germanorum populi colunt, Vangiones, Triboci, Nemetes.

Tac. hist. IV. 70. Tutor Treverorum copias, recenti Vangionum, Caeracatium, Tribocorum auctas etc. — Tutor Treveris comitantibus vitato Magontiaco Bingium concessit etc.

Tac. Ann. XII. 27. Sed Agrippina ... in oppidum Ubiorum, in quo genita erat, veteranos coloniamque deduci impetrat.... Ac forte acciderat, ut eam gentem Rheno transgressam avus Agrippa in fidem acciperet.... dein Pomponius legatus auxiliares Vangionas ac Nemetas monitos, ut etc.

[2] Caesar b. G. IV. 16. Ubii autem .... amicitiam fecerant etc.

Caesar b. G. IV. 11. ... sibi uti potestatem faceret, in Ubios legatos mittendi.

[3] Plin. IV. 17. — Für das Vorhergehende besonders die gleich unten folgende Stelle Dio Buch 53. c. 12.

nana genannt und in Germania superior[1]) und Germania inferior eingetheilt wird, als deren Grenze man Bingen betrachten kann.

§. 5.
Niederlage des M. Lollius.

Daß die Römer von dieser Zeit an und von diesem am linken Rheinufer sich befindenden Theile Germaniens aus mit den Bewohnern des eigentlichen Germaniens jenseits des Rheines in Verkehr traten, wird schon bei Cäsar[2]) erwähnt und ist so natürlich, daß wir es nicht zu bezweifeln wagen. Doch gab dieser Verkehr auch sehr bald Veranlassung zu Kämpfen. Denn während M. Lollius Paullinus sich als Statthalter in Gallien befand, begannen die gereizten Sigambern, Usipeter und Tenchterer Krieg mit ihm. Anfangs kämpfte Lollius nicht ohne Glück und errang Vortheile[*]) über sie; bald

---

1) Dio Buch 53. c. 12.: Κελτῶν γάρ τινες, οὓς δὴ Γερμανοὺς καλοῦμεν, πᾶσαν τὴν πρὸς τῷ Ῥήνῳ Κελτικὴν κατασχόντες, Γερμανίαν ὀνομάζεσθαι ἐποίησαν· τὴν μὲν ἄνω, τὴν μετὰ τὰς τοῦ ποταμοῦ πηγάς· τὴν δὲ κάτω, τὴν μέχρι τοῦ Ὠκ. etc.

Tac. Ann. XII. 27. Iisdem temporibus in superiore Germania trepidatum etc.

2) Caesar b. G. IV. 2. Mercatoribus est ad eos aditus magis etc.

*) Julius Obsequens und Eusebius.

aber erlitt er (im Jahre 16 v. Chr.) eine empfindliche Niederlage[1]) und verlor sogar einen Legions-Adler.[2])

§. 6.
Römische Legionen am Rhein stationirt.

Augustus, der sich zu dieser Zeit gerade in Gallien befand,[3]) fing auf diese Nachricht hin an, sein Augenmerk mehr auf Germanien zu richten. Auf seinen Befehl wurden acht Legionen[4]) am Rhein stationirt, um das römische Germanien am linken Ufer gegen das eigentliche oder freie Germanien zu

---

1) Tac. Ann. I. 10. Pacem sine dubio post haec, verum cruentam: Lollianas Varianasque clades etc... — Suet. Aug.: Graves ignominias cladesque duas omnino, nec alibi quam in Germania, accepit, Lollianam et Varianam: sed Lollianam majoris infamiae quem detrimenti.
Dio Buch 51. c. 20.: Ὁ δὲ μέγιστος τῶν τότε συμβάντων τοῖς Ῥωμαίοις πολέμων . . . . πρὸς τοὺς Κελτοὺς ἐγένετο. Συγαμβροὶ γὰρ . . . etc. . . . τινὰς αὐτῶν ἀνεσταύρωσαν etc. . . . — ἐνίκησαν καὶ ἐκεῖνον (Λόλλιον).

2) Vellejus II. 97. . . . amissaque legionis V aquila vocavit ab Urbe in Gallias Caesarem.

3) Dio Buch 54. c. 20. u. Vellej. II. 97. . . . vocavit in Gallias Caesarem.

4) Tac. Ann. I. 31. Iisdem ferme diebus . . . . Germanicae legiones turbatae, quanto plures, tanto violentius . . . Duo apud ripam Rheni exercitus erant etc.

schätzen, und der Beginn eines Kampfes vorbereitet, ja begonnen, der erst nach fast fünf Jahrhunderten, während welcher er der Weltbeherrscherin oft namenloses Entsetzen bereitete, mit dem Untergange des morschen Weltreiches endete.

§. 7.

Unterwerfung der Donau-Länder durch Drusus und Tiberius.

Fast zur nämlichen Zeit, während welcher Lollius so unglücklich am Rhein kämpfte (im Jahre 15 v. Chr.), hatte Augustus, in dessen Plan es lag, die Donau solle des römischen Reiches Grenze bilden, dem edlen, thatendurstigen Drusus und dessen älteren Bruder Tiberius, seinen Stiefsöhnen, die Führung des Krieges gegen die Alpen- und Donau-Völker übertragen. Alle diese, besonders aber die Rhätier und Vindelicier, unternahmen stete Raubzüge in die angrenzenden Theile Italiens, des Landes der Helvetier, Sequaner, Bojer und Germanen[1] und bereiteten sich dadurch selbst ihr kommendes Geschick. Sie wurden auch sammt den Norikern von

---

Tac. Ann. IV. 5. Sed praecipuum robur juxta Rhenum, commune in Germanos Gallosque subsidium, octo legiones erant.

1) Strabo IV.

Drusus,[1] den sein Bruder Tiberius[2] von Westen her unterstützte, besiegt, das Land bis an die Donau unterworfen und dessen Besitz durch Anlegung fester Plätze gesichert.

§. 8.
Drusus erhält den Oberbefehl über die Legionen am Rhein.

In Folge so rühmlicher Thaten wurde Drusus von seinem Vater der Lösung einer noch größeren Aufgabe fähig gehalten. Des Lollius schmähliche Niederlage hatte, wie erwähnt, den Augustus schwer verletzt und den Germanen sichere Rache in Aussicht gestellt. Deßhalb übergab er dem im Kriege mit den Donau-Völkern so tapfern Drusus die Provinz Gallien und den Oberbefehl über die am Rhein sich befindenden Legionen, in der sichern Voraussicht,

---

[1] Dio LIV. 22. .... διὰ ταῦτα ὁ Αὔγουστος πρῶτον μὲν τὸν Δροῦσον ἐπ' αὐτοὺς ἔπεμψεν etc.

Hor. Od. IV. 4. Videre Raetis bella sub Alpibus Drusum gerentem Vindelici.

[2] Hor. Od. IV. 14. Major Neronum non grave proelium commisit immanesque Raetos auspiciis pepulit secundis.

Suet. Aug. — .. domuit.....; item Raetiam et Vindelicos ac Salassos, gentes inalpinas. — Vellej. II. 39.

Suet. Tiber.: Exhinc Raeticum Vindelicumque bellum gessit. Raetico atque Vindelico gentes Alpinas ... subegit.

Drusus[1]) werde das geschwächte Ansehen der römischen Waffen wieder herstellen. Da in der ihm übergebenen Provinz Unruhen wegen des Census[2]) ausgebrochen waren, so hatte Drusus vorerst diese zu dämpfen, um sodann mit desto größerer Kraft die Reihe der Feldzüge gegen die frischmuthigen Germanen, deren leider Viele in diesen Kämpfen gegen ihre eigenen Stammgenossen sich mit den feindlichen Römern verbanden, eröffnen zu können. Von diesen bedeutungsvollen Feldzügen in ferne Landstriche Germaniens, wo jeder Schritt durch nie zu berechnende Zufälle bedingt wurde, geben die uns überkommenen spärlichen Nachrichten der römischen Literatur freilich nur ein unvollkommenes Bild und lassen Manches in schwankender Ungewißheit; dennoch aber wollen wir an ihrer leitenden Hand — da sie allein bis auf uns sich erhielten — diesen wichtigen Zeitabschnitt in kurzer Uebersicht uns klar zu machen versuchen.

§. 9.
Feldzüge des Drusus.

Waren zu den erwähnten Feldzügen die Ereignisse der zuletzt verflossenen Jahre und die gekränkte

---

1) Vellej. II. 97. Cura deinde atque onus Germanici belli delegata Druso Claudio etc.

2) Liv. epit. CXXXVII. 4. Census nuper actus a Druso, quem in Galliam Augustus ideo miserat, tanquam haud incertum servitutis argumentum, Gallorum animos desiderio rerum novarum compleverat etc.

Waffen-Ehre der Römer hinreichende Ursache, so kam dazu noch die äußere Veranlassung, daß die Sigambern, Usipeter und Tenchterer ohngeachtet der ihnen drohenden Gefahr es nicht unterlassen konnten, in das den Römern unterworfene Gebiet einzufallen.[1]) Gegen jene Völker somit unternahm Drusus den **ersten Feldzug** (12 Jahre v. Chr.), trieb sie zurück und verheerte deren Ländereien. Sodann suchte er, wie dieses ehemals Cäsar gethan hatte,[2]) Bundesgenossen unter den Germanen selbst, was ihm bei den Friesen ohne große Schwierigkeit gelang. Diese waren nämlich gerade mit ihren Nachbarn, den Brukterern, in Fehde und freuten sich deßhalb der römischen Hülfe. Auch die Bataver strebte Drusus zu gewinnen, um durch die Flußmündungen zugleich von der Seeseite eindringen zu können. Durch einen Kanal vom Rheine in die Issel, der den Na-

---

1) Dio LIV. 32. . . . τῶν γὰρ Συγάμβρων καὶ τῶν συμμάχων αὐτῶν διά τε τὴν τοῦ Αὐγούστου ἀπουσίαν etc. . . . πολεμωθέντων σφίσι etc. . . . . καὶ μετὰ τοῦτο ἔς τε τὴν τῶν Οὐσιπετῶν κατ' αὐτὴν τὴν τῶν Βαταύων νῆσον διέβη, καὶ ἐπὶ τὴν Συγαμβρίδα ἐπιπαρελθὼν συχνὰ ἐπόρθησεν.

2) Caesar b. G. VII. 65.: Caesar . . . trans Rhenum in Germaniam mittit ad eas civitates, quas superioribus annis pacaverat, equitesque ab his arcessit et levis armaturae pedites, qui inter eos proeliari consueverant. VII. 67. VIII. 13 u. 36.

men fossa Drusi beibehalten hat,[1]) eröffnete er sich den Eingang in die Zuyder-See, fuhr sofort mit seiner bemannten Flotte in die Nordsee und lenkte in die Ems ein, um die Brukterer und Chaucen theils zu Land, theils zur See angreifen zu können; jedoch scheint er wesentliche Vortheile nicht errungen zu haben, da er sich auf die Anlegung eines Castells an der Ausmündung der Ems beschränkte, um den Plan, daß er bleibende Eroberungen anstrebe, sichtbar zu machen. Daß Drusus auch die Catten bezwungen und den Markomannen sehr beträchtliche Beute abgenommen habe,[2]) wird uns von Florus berichtet. Doch dürfte diese Thatsache schwerlich auf diesen ersten Feldzug zu beziehen sein. Da nun des

---

1) Tac. Ann. II. 8. (Germanicus) ... fossam cui Drusi nomen ingressus ...

Suet. Claud. 1. Is Drusus in Quaesturae Praeturaeque honore, dux Rhaetici, deinde Germanici, Oceanum septentrionalem primus Romanorum ducum navigavit: transque Rhenum fossas novi et immensi operis effecit, quae nunc adhuc Drusianae vocantur.

Strabo VII. u. Dio LIV. 32: ... τοὺς Φρισίους ὑπηκόους ἐποιήσατο καὶ ἐς τὴν Χαυκίδα διὰ τῆς λίμνης ἐμβαλὼν ἐκινδύνευσε, τῶν πλοίων ἐπὶ τῆς τοῦ Ὠκεανοῦ παλιῤῥοίας ἐπὶ ξηροῦ γενομένων.

2) Flor. IV. 12. Missus in eam provinciam Drusus primos domuit Usipetes, inde Tenchteros percurrit et Cattos. Nam Marcomannorum spoliis insignibus quendam editam tumulum in trophaei modum excoluit.

Drusus Eroberungspläne den bedrohten germanischen Stämmen klar vor Augen schwebten, erkannten sie die Nothwendigkeit, mit vereinten Kräften die Römer bekriegen zu müssen. Es traten demnach die Sigambrer, Tenchterer, Brukterer, Usipeter, Chaucen, Cherusker und Sueven in ein Bündniß zur gemeinsamen Abwehr der Römer.¹) Die einzigen Catten verweigerten den Beitritt, und während die Sigambern sich bemühten, die Widerstrebenden zum Beitritte zu zwingen, eröffnete Drusus den zweiten Feldzug (im J. 11 v. Chr.) dadurch, daß er bei herannahendem Frühling über den Rhein ging, in das Gebiet der Usipeter eindrang und sie bezwang. Sofort schlug er eine Brücke über die Lippe und rückte durch das Land der Sigambrer in das der Cherusker bis an die Weser. Die geringe Schwierigkeit dieser Unternehmung ergab sich aus dem Umstande, daß er in das Land der Sigambrer, die mit

---

1) Dio LIV. 33. . . . ἅμα δὲ τῷ ἦρι πρὸς τὸν πόλεμον αὖθις ὥρμησε καὶ τόν τε Ῥῆνον περαιώθη καὶ τοὺς Οὐσιπ. κατεστρέψατο etc.

Flor. IV. 12. Inde validissimas nationes Cheruscos, Suevos et Sicambros pariter aggressus est . . . adeo certa victoriae spe, ut praedam in antecessum pactione dividerent.

Dio LIV. 33. . . . οὔτ᾽ οὖν περαιτέρω διὰ ταῦτα προεχώρησε καὶ ἐς τὴν φιλίαν ἀνακομιζόμενος δεινῶς ἐκινδύνευσεν· οἱ γὰρ πολέμιοι . . . . ἐς στενὸν καὶ κοῖλον χωρίον κατακλείσαντες ὀλίγου διέφθειραν etc.

ihrer Heeresmacht gegen die Catten gerückt waren, heimlich ziehen konnte. Jedoch sollte auch dieses Kampfesjahr noch seine Mühen bringen. Denn an der Weser angekommen, nöthigten ihn Mangel an Lebensmitteln, die Nähe des Winters und ungünstige Vorbedeutungen zur Rückkehr, auf der er in die größte Gefahr gerieth, da er von dem verbündeten Heere durch Hinterhalte manchen Schaden erlitt und einmal in einer Thalschlucht eingeschlossen, dem Verderben nahe gewesen wäre, wenn ihn nicht die Verwegenheit des Feindes selbst gerettet hätte. Seines Sieges gewiß, hatte er sich nämlich ohne Ordnung auf die Römer gestürzt und wurde so besiegt. Drusus errichtete am Zusammenflusse der Lippe und Lise das Castell Aliso[1]) und ein zweites im Lande der Catten auf der sogenannten Höhe (Taunus) bei Idstein.

---

1) Tac. Ann. II. 7. Et cuncta inter Castellum Alisonem ac Rhenum novis limitibus aggeribusque munita. —

Tac. Ann. I. 56. (Germanicus) posito castello super vestigia paterni praesidii in monte Tauno expeditum exercitum in Cattos rapit.

Vellej. II. 120. Lucii etiam Caeditii, ... , eorumque qui una circumdati Alisone immensis Germanorum copiis obsidebantur, laudanda virtus est.

Dio LIV. 32. . . . ὥστε τὸν Δροῦσον . . . . ἐπεί τε ἡ ὅτε Λουκίας καὶ ὁ Ἐλίσων συμμιγνυνται φρούριόν τί σφισιν ἐπιτειχίσαι καὶ ἕτερον ἐν Χάττοις παρ' αὐτῷ τῷ Ῥήνῳ.

§. 10.
Fortsetzung.

Von dem dritten Feldzuge (10 J. v. Chr.), den Drusus unternahm, während sein Bruder Tiberius gegen die sich empörenden Dacier und Dalmatier kämpfte, wissen wir aus Cassius Dio nur so viel, daß er gegen die Catten[1] gerichtet war, welche die ihnen von den Römern vermuthlich im Gebiete der Ubier angewiesenen Ländereien verlassen hatten und sich zu den Sigambrern begaben, wahrscheinlich um der von den Römern ernstlich beabsichtigten Zwingherrschaft zu entgehen. Da den Nachrichten des Florus gemäß Drusus an der Maas, Elbe und Weser Schanzen und Wachtposten errichtete[2] und allein am Rheine mehr als fünfzig feste Plätze anlegte, so ist wahrscheinlich, daß mehrere hievon während der Dauer dieses Feldzuges, der sonst für die Römer mindere Hindernisse dargeboten zu haben scheint, gebaut worden sind. Einige Geschichtschreiber sind der Ansicht, es sei um diese Zeit auch der Pfahl-

---

[1] Dio LIV. 36. übereinstimmend dem oben Erwähnten, z. B. τὰ δὴ τῶν Κελτῶν τῶν τε ἄλλων καὶ τῶν Χάττων (....) ὁ Δροῦσος τὰ μὲν ἐκάκωσε τὰ δὲ ἐχειρώσατο.

[2] Flor. IV. 12. Praeterea in tutelam provinciarum praesidia atque custodias ubique disposuit. Per Mosam flumen, per Albim, per Visurgin, per Rheni quidem ripam quinquaginta amplius castella direxit.

Pfahlgraben, eine riesenhafte Schutzwehr der Römer gegen die Germanen, wovon jetzt noch Spuren sichtbar sind, und der sich bis nahe an die Teufelsmauer herunter erstreckte, begonnen worden. — Der bei Weitem blutigste, aber auch für die Eroberungen im innern Germanien wichtigste Feldzug des Drusus war der vierte, den er im Jahre 9 vor Christus unternahm.[1]) Er ging, von einem mächtigen Heere begleitet, bei Mainz über den Rhein in das Land der Catten, bezwang, wenn auch mit mannigfachen Mühen, dort Alles in mehreren hitzigen Schlachten und gelangte bis zu den Hermunduren, einen Theil der Sueven. Diese waren nur durch den Harz von den Cheruskern getrennt, weßhalb er sich von da gegen diese wandte, über die Weser setzte und nach vielen Verheerungen gegen die Elbe vordrang. Vergeblich bemühte er sich über diesen Fluß zu setzen; jedoch errichtete er ein Siegesdenkmal. Hier ward ihm von einem Weibe von übermenschlicher Größe[2]) das Ende seiner Thaten und seines Lebens nahes Ende vorher-

---

1) Liv. epit. liber CXL. 1. Extremus hinc Druso vitae annus, sed idem honore et gloria praecipuus. Nam etc. .... — Per Cattos ad Suevorum usque fines magno labore aperuit etc.

Dio LV. 1. .... ἀλλ' ἔς τε τὴν τῶν Χάττων ἐσέβαλε καὶ προῆλθε μέχρι τῆς Σουηβίας etc.

2) Dio LV. 2. *Ποῖ δῆτα ἐπείγῃ Δροῦσε ἀκόρεστε; οὐ πάντα σοι ταῦτα ἰδεῖν πέπρωται· ἀλλ' ἄπιθι καὶ γὰρ σοὶ καὶ τῶν ἔργων καὶ τοῦ βίου τελευτὴ πάρεστιν.*

gesagt. Dieses und die Schwierigkeit des Kampfes mag ihn bewogen haben, umzukehren. Doch bevor er an den Rhein gelangte, ereilte ihn im schönsten Mannes-Alter der Tod. Nach Cassius Dio[1]) erlag er einer Krankheit; genauere Nachrichten bei Livius aber berichten uns, daß er bei einem Sturze vom Pferde sich das Schienbein zerschmetterte, so daß er dreißig Tage später starb. Sein Bruder Tiberius war auf die traurige Nachricht des unglücklichen Sturzes eiligst aus Ticinum (Pavia)[2]) herangekommen und hatte ihn noch lebend getroffen, was die Nachwelt mit Recht als einen schönen Zug brüderlicher Liebe preist. — Die Römer schienen die Verdienste des Drusus keineswegs zu unterschätzen, wenn wir anders die seiner Leiche zuerkannten Auszeichnungen als wahren Beweis der Verehrung anzuneh-

---

1) *Sueton. Claud.* 1. . . . supremum diem morbo obiit in aestivis castris, quae ex eo scelerata sunt appellata.

Dio LV. 2. . . . σπουδῇ ὑποστρέψαντος αὐτοῦ, καὶ ἐν τῇ ὁδῷ νόσῳ τινὶ, πρὶν ἐπὶ τὸν Ῥῆνον ἐλθεῖν, τελευτήσαντος.

Liv. epit. CXL, 4. Ex lapsu equi crus fregisse quidam scribunt.

2) Valer. Max. V. 5. in einer mir zur Hand sich befindenden italien. Ausgabe: (Tiberio) avendo inteso per un mandato da quello in Ticino (dove egli vittorioso si era trasferito per rivedere il padre e la madre) quello, essendosi cascato un cavallo addosso, trovarsi in fine di morte, subito . . . si parti di quivi a rotta etc.

men berechtigt sind. Sein Leichnam wurde auf die ehrenvollste Weise nach Rom gebracht, von Tiberius und von Ticinum aus auch von Augustus begleitet und von beiden seine Tugenden in herzlichen Lobreden gepriesen. Das Heer errichtete seinem Imperator einen Ehrenhügel und vom Senate ward ihm und seinen Nachkommen der Name Germanicus verliehen.[1]) Welche Liebe ihm das Volk zollte, davon liefern einzelne Erwähnungen bei Tacitus[2]) keinen undeutlichen Beweis und selbst an seine Privattugenden zu erinnern, fanden die Schriftsteller nicht für überflüssig.[3]) Demnach wollen auch wir am Feinde

---

1) Dio LIV. 2. . . . καὶ αὐτοῦ ἐν τῇ ἀγορᾷ προτεθέντος διπλοῦς ὁ ἐπιτάφιος ἐλέχθη· ὁ γὰρ Τιβέριος ἐνταῦθα αὐτὸν ἐπῄνεσε καὶ ὁ Αὔγουστος ἐν τῷ Φλαμινίῳ ἱπποδρόμῳ etc.

Liv. epit. CXL. 6. Corpus invito prope exercitu, ... a Tiberio primum per centuriones et tribunos militum ad hiberna deportatum est etc. . . . pedibus antecedente Tiberio . . . postquam Ticinum advenerat discedentibus vitrico et matre Livia. Dazu: Suet. Claud. 1. Flor. IV. 12. Eutrop. VII. 8.

2) Tac. Ann. II. 41. . . haud prosperum in Druso favorem vulgi.

Tac. Ann II. 82. vera prorsus de Druso seniores locutos: displicere regnantibus *civilia* filiorum ingenia. T. VI. 51. Etiam frater ejus (Tiberii) Drusus prosperiore civium amore erat.

3) Valer. Max. IV. 3. Druso Germanico . . . . è manifesto non avere mai usato con altra Donna, che con la sua moglie Antonia. (Ital. Uebersetzung.)

nicht minder seinen Edelsinn, als seine Thatkraft ehren!

§. 11.

Tiberius kämpft wider die Pannonier.

Während dieser Unterwerfungszüge im Norden waren auch im Osten Germaniens die Völker nicht ruhig verblieben. Daselbst war Augustus bemüht, den mächtigen Volksstamm der Gothen dadurch zu schwächen, daß er ihn in kleine Völkerschaften aufzulösen trachtete; doch fügten sich die Völker Ostgermaniens nur unter hartnäckigem Widerstreben und beständige Empörungen beweisen, wie sehr sie die angeborne Freiheit zu würdigen wußten.[1]

Die bedeutendsten Anstrengungen der Römer im Osten[2] von Germanien galten den Pannoniern und Dalmatiern (12 u. 11 Jahre v. Chr.), gegen welche Tiberius, der Bruder des Drusus, den Oberbefehl übernommen hatte. Da aber auch hier in bedauernswerther Blindheit die verschiedenen Stämme verein-

---

1) Strabo VII.

2) Vellej. II. 96. Subinde bellum Pannonicum ... per Neronem gestum ....; hujus victoriae compos Nero ovans triumphavit.

Suet. Tiber. 9.: exhinc Rh. Vind. que bellum, inde Pannonicum, inde Germanicum gessit.

Dio Cassius LIV. 31. 34. 36., wo es unter Anderm heißt: Ὅ, τε Τιβέριος τοὺς Δαλμάτας νεοχμώσαντας καὶ τοὺς Παννονίους μετὰ τοῦτο . . . . . ἐχειρώσατο etc.

zelnt und so mit zersplitterten Kräften in den Kampf traten, so war durch diesen planlosen Mangel an Einheit den Römern der Sieg in die Hände gespielt, und es ist leider Wahrheit von alter Zeit her, daß die Germanen oft durch das Wüthen gegen sich selbst die hochgepriesene Freiheit beseufzten.

§. 12.
Tiberius übernimmt den Oberbefehl über die Legionen am Rhein.

Auch in Nord-Germanien übernahm sogleich nach des Drusus beklagenswerthem Ende sein Bruder Tiberius den Oberbefehl.[1] War dieser nun seinem übrigen Wesen nach auch verschlagen und heimtückisch, ja nicht ohne Hinneigung zur Grausamkeit, so kann ihm dagegen die bereits bewährte Befähigung im Kriege nicht abgesprochen werden. Uebrigens sind uns die Berichte über seine Feldzüge offenbar nur sehr mangelhaft überkommen, da sich die neun von ihm selbst bei Tacitus[2] erwähnten germanischen Feldzüge nicht einmal der Anzahl nach herausfinden lassen.

---

[1] Tac. Ann. I. 4. . . . . multa indicia saevitiae, quamquam premantur, erumpere.

Tac. Ann. VI. 51. Egregium vita famaque, quoad privatus vel in imperiis sub Augusto fuit; occultum ac subdolum fingendi virtutibus, donec Germanicus ac Drusus superfuere.

[2] Tac. Ann. II. 26. . . . Se novies a divo Augusto in Germaniam missum plura consilio quam vi perfecisse.

Im Jahre 8 v. Chr.[1]) durchzog er siegreich Germanien bis zur Elbe und versetzte die dortigen Völker in solche Furcht, daß sie bis auf die Sigambrer, die allein trotzig widerstrebten, um Frieden baten. Doch auch Letztere erlagen endlich und mußten Geisel stellen, die sich, treulos behandelt und in verschiedene Städte Galliens, wohin auch ihr Volk verpflanzt worden war, vertheilt,[2]) wegen der erlittenen Schmach selbst den Tod gaben. Dem Tiberius aber, der die Ruhe in den von den Römern bis jetzt bezwungenen Theilen Germaniens hergestellt hatte, wurde die gebührende Ehre von Augustus zuerkannt.

Neue Bewegungen veranlaßten jedoch im nächsten Jahre (7 v. Chr.) einen neuen Zug in das Innere Germaniens, wo Tiberius mehr durch Versprechungen als durch Waffen die Völkerstämme zu beruhigen strebte. Wenigstens berichtet Dio,[3]) es sey in

---

1) Dio LV. 6. Ὁ δὲ δὴ Τιβέριος τὸν Ῥῆνον διέβη· φοβηθέντες οὖν οἱ βάρβαροι πλὴν τῶν Κανταβρῶν (*) ἐπεκηρυκεύσαντο.

Vellej. II. 97. Moles deinde ejus belli translata in Neronem est, quod is sua et virtute et fortuna administravit.

2) Tac. Ann. II. 26 u. bes. XII. 39. ... ut quondam Sigambri excisi aut in Gallias trajecti forent.

Suet. Aug. 21. Tib. 9.: Quadraginta millia dediticiorum trajecit in Galliam juxtaque Rheni ripam sedibus assignatis collocavit.

3) Cassius Dio sagt nur: ... καὶ οὐ πολλῷ ὕστερον κινηθέντων τινῶν ἐν τῇ Γερμανίᾳ ἐξωρμήθη.

diesem Jahre nichts Merkwürdiges vollführt worden, gegenüber den Nachrichten des Vellejus, nach welchem viele Stämme in diesem Kriegszuge sollen zinspflichtig geworden sein: Die Klugheit jedoch mahnt uns, dem letztern bezüglich der Thaten des Tiberius behutsam zu folgen, da er, sei es absichtlich, sei es aus allzugroßer Verehrung für seinen ehemaligen Feldherrn, diesem öfters übertriebene Lobpreisung spendet.

§. 13.
Domitius Ahenobarbus und Vinicius in Germanien.

Unerklärlich oder doch auffallend ist, daß Tiberius, von seinem Vater Augustus mit ehrender Anerkennung seiner Thaten überhäuft, und vom Glücke nach allen Seiten hin begünstigt, im kräftigsten Mannesalter und bei blühendster Gesundheit sich möglichst weit vom Sitze der Staatsleitung zu entfernen beschloß.[1] Sieben Jahre hindurch befand er sich nämlich auf Rhodos.[2] Der Oberbefehl in Ger-

---

Vellej. II. 97. . . . sic perdomuit eam, ut in formam paene stipendiariae provinciae redigeret.

1) *Suet. Tib.* 9. . . . tot prosperis confluentibus, integra aetate ac valetudine statuit repente secedere seque e medio quam longissime amovere. Dubium uxorisne taedio etc.

2) *Suet. Tib.* 10. — Vell. II. 99. Illud etiam in hoc transcursu dicendum est, ita septem annos Rhodi mora-

manien ward unterdeß (7–2 J. v. Chr.) dem Domitius Ahenobarbus übergeben, dessen Thaten übrigens, da gerade hier unser sonstiger Gewährsmann Dio lückenhaft ist und Vellejus wegen der Abwesenheit des Tiberius schweigt, für uns ein nicht enthüllbares Dunkel umschließt. Ein erst am Ende des vorigen Jahrhunderts aufgefundenes Bruchstück zu Dio erwähnt, er sei gegen die wandernden Hermunduren gezogen und habe sie in einen Theil des Markomannenlandes verpflanzt; eine Unternehmung am Rheine aber sei ihm mißglückt.[1]) Dazu finden wir in den Annalen (oder ab excessu d. Aug.) des Tacitus Erwähnung von den „pontes longi" als bereinst zuverlässig[2]) von Lucius Domitius aufgedämmt in der moorigen Gegend zwischen dem Teutoburger-Walde und der Rheinbrücke bei Vetera;

    tum, ut omnes ... fassi sint, otium ejus honoratius imperio suo.

Tac. VI. 20. ... scientia Chaldaeorum artis, cujus apiscendae otium apud Rhodum ... habuit.

Tac. I. 4. ne iis quidem annis, quibus Rhodi specie secessus exul egerit, aliud quam iram et simulationem et secretas libidines meditatum.

1) Dio Cass. LV. 11.

2) Tac. Ann. I. 63. ... pontes longes quam maturrime superare. Angustus is trames vastas inter paludes a Lucio Domitio quondam aggeratus etc. — Caecinae dubitanti quonam modo ruptos vetustate pontes reponeret.

ferner daß er mit einem Heere über die Elbe gegangen[1]) und demnach weiter als irgend einer der früheren römischen Feldherren in das innere Germanien vorgedrungen sei. In welche Zeit diese Unternehmungen geschichtlich zu setzen sind, ist schwer zu ermitteln. Nur der Umstand, daß die erwähnten pontes longi zur Zeit des Germanicus als bereits vor Alter schadhaft bezeichnet sind, läßt sie wohl nur vor Vinicius Anwesenheit in Germanien erbaut erscheinen. Auch können die Feldzüge nicht wohl vor dem Aufenthalte des Tiberius auf Rhodus, müssen demnach gerade in die Zeit dieses Aufenthaltes gefallen sein. Nach ihm führte Vinicius (2 vor — 2 nach Chr.) den Oberbefehl in Germanien, unter dem ein ungeheurer Krieg daselbst entbrannt war.[2]) Dieser führte ihn theils mit Nachdruck, theils leistete er glücklichen Widerstand, weßhalb ihm die Ehrenzeichen des Triumphes zuerkannt wurden.

§. 14.
Erneute Kämpfe des Tiberius in Germanien.

Während dieser Vorgänge hatte Tiberius seine Rückkehr von Rhodus ermöglicht, war adoptirt wor-

---

1) Tac. Ann. IV. 44. ,,, exercitu flumen Albim transcendit longius penetrata Germania quam quisquam priorum, easque ob res insignia triumphi adeptus est.

2) Vellej. II. 104. Sub M. Vinicio ... clarissimo viro, immensum exarserat bellum ... ; decreta ei ornamenta triumphalia.

ben und hatte den Auftrag erhalten, Germanien zu beruhigen. Er begab sich also (im Jahre 4 n. Chr.) ohne Verzug dahin, besiegte die Caninefaten, Attuarier, Brukterer und Cherusker, ging nicht nur über die Weser,[1]) sondern drang bis an die Elbe vor, so daß er seine Truppen erst im Dezember in die wohlverdienten Winterquartiere führte, von wo ihn selbst die Kindesliebe nach Rom rief. Im nächsten Frühlinge (5 n. Chr.) kam er jedoch wieder nach Germanien zurück, wo indeß Sentius Saturninus fortwährend Statthalter blieb.

In diesem Jahre war das Glück den Römern so hold, daß Vellejus[2]) rühmend davon berichtet: „Ganz Germanien ward mit den Waffen in der Hand durchzogen; Völker, deren Name kaum bekannt war, wurden überwunden. Auch die Stämme der Chaucen wurden bezwungen und ihre gesammte junge Mannschaft, unermeßlich an Zahl und von riesenhaftem Körperbau .... mußte die Waffen strecken. Die

---

1) *Suet. Tib.* 13. 15. Aug. 65. — *Vellej.* 105 ganz genau. Dio Cass. LV. Τὸν δέ τε Τιβέριον καὶ ἐποιήσατο καὶ ἐπὶ τοὺς Κελτοὺς ἔπεμψεν. Mehr LV. 28.

2) Vellej. II. 106. Perlustrata tota Germania est. Victae gentes paene nominibus incognitae etc.

Dio Buch LV. 28 ... καὶ ἐπὶ τοὺς Κελτοὺς ἐστράτευσαν μὲν καὶ ἄλλοι τινὲς, ἐστράτευσε δὲ καὶ ὁ Τιβέριος· καὶ μέχρι γε τοῦ ποταμοῦ πρότερον μὲν τοῦ Ἐρύγρου (Οὐεσούργου), μετὰ δὲ τοῦτο καὶ τοῦ Ἀλουίου (Ἀλβίου) προσχώρησεν.

Longobarden, das unbändigste Volk in Germanien, wurde gedemüthiget. Ja, was man früher niemals gehofft, geschweige denn in's Werk gesetzt hatte, das römische Heer marschirte 400 römische Meilen weit vom Rhein bis an die Elbe, wo dieser Fluß das Gebiet der Semnonen und Hermunduren bespült. Auch lief eine Flotte aus einem zuvor ganz unbekannten Meere in die Elbe ein und vereinigte sich nach Besiegung vieler Völker und allen Ueberflusses froh mit Cäsar." Dieses und noch weitläufiger gespendete Lob scheint allerdings übertrieben zu sein; jedoch können wir es, als von einem Augenzeugen erwähnt, wenn auch den magern Berichten des Dio entgegen, doch nicht als der Wahrheit zuwider bezeichnen.

§. 15.

Des Tiberius Kampf gegen den Sueven-Bund und dessen Führer Marbod.

Aus der vorhergehenden Schilderung der Lage Germaniens ist ersichtlich, daß von den Römern die zwischen dem Rheine und der Elbe wohnenden Völkerstämme als bezwungen und demnach der Nordwesten Germaniens als unterworfenes Land betrachtet wurde, dessen Grenzen und Vertheidigungs-Linie sie mit ihren, obendrein noch aus vielen germanischen Elementen bestehenden Legionen besetzt hielten. Ja, so sehr auch unser Mitgefühl die bedauernswerthen Zustände Germaniens in jenen Tagen beklagt, wir müssen dennoch, wenn auch nur theilweise, dem har=

ten Ausspruche des Vellejus[1] beipflichten: „Nichts war in Germanien mehr zu besiegen, als die Markomannen" und ihr Anführer Marbod. Dieser war wie viele germanische Edlinge in seiner Jugend nach Rom gekommen und genoß dort die besondere Gunst des Augustus,[2] der ihn wahrscheinlich für Rom gewinnen wollte, wie dieß ehedem Cäsar mit Ariovist so auffallend versucht hatte. Doch Marbod war klug[3] genug, die römische Staatskunst zu durchschauen und ließ sich, obwohl ein öfteres Hinneigen zum Römerthum von ihm sich nicht in Abrede stellen läßt, doch so wenig von der ihm zustehenden Aufgabe abbringen, daß er vielmehr nach seiner Rückkehr die suevischen Stämme[4] der Markomannen, Hermunduren und Longobarden, Völker des innern Germaniens, wohin er selbst seinen Sitz verlegt hatte,

---

[1] Vellej. II. 108. Nihil erat jam in Germania, quod vinci posset, praeter gentem Marcomannorum, quae Maroboduo duce excita sedibus suis atque in interiora refugiens, incinctos Hercyniae silvae campos incolebat.

[2] Vell. II. 108. Maroboduus . . . . natione magis quam ratione barbarus.

[3] Strabo VII. u. Vellejus.

[4] Tac. Germ. c. 39—42; über ihre Tapferkeit Caesar b. G. IV. 1.

Suevorum gens est longe maxima et bellicosissima und Tac. Ger. c. 42.

Praecipua Marcomannorum gloria viresque atque ipsa etiam sedes pulsis olim Bojis virtute parta.

durch ein Bündniß einigte[1]) und Böhmen, wo früher die Bojer sich befanden, deren Andenken noch in dem gebliebenen Namen Boihemum[2]) fortlebt, als Mittelpunkt und Stütze seines Reiches hatte. — So stand Marbod an der Spitze eines sehr zahlreichen Heeres, das aus Sprößlingen der tapfersten Völker Germaniens gebildet, nach römischer Art eingerichtet und durch beständige Kriege geübt war. Gegen diesen den Weltbeherrschern gefährlichen Nebenbuhler ward nun von Tiberius der Kampf beschlossen.[3]) Wie einst gegen die Rhätier, so sollte auch gegen ihn von zwei Seiten der Angriff erfolgen. Tiberius selbst versammelte an der Donau bei Carnutum ein gewaltiges Heer. Sentius Saturninus, der Statthalter von Germanien, sollte vom Lande der Catten durch einen Theil des herzynischen Waldes*) anrücken. Schon hatten sich die beiden Heere auf eine Entfernung von wenigen Tag-Märschen genähert, als die Nachricht von einem allgemeinen Aufstande in Pannonien und Dalmatien, unter Anführung von Bato, eintraf, der solche Gefahr drohte, daß Augu-

---

[1]) Tac. Ann. II. 45. . . . , per dona et legationes petivisse foedus.

[2]) Tac. Ger. 28. Manet adhuc Boihemi nomen, significatque loci veterem memoriam, quamvis mutatis cultoribus.

[3]) Vellej. 109. Hunc virum et hanc regionem proximo anno diversis e partibus Tib. Caesar aggredi statuit.

*) Nach Nipperdey Anmerk. Tac. Ann. II. 45. der Harz ꝛc.

stus vor dem versammelten Senate erklärte, nach zehn Tagen könne der Feind im Angesichte Roms stehen. Tiberius sah sich genöthigt,[1] mit Marbod sogleich Frieden zu schließen und seine ganze Kraft gegen den neuen Feind zu wenden, der durch Zahl, Tapferkeit und Kriegskunst gleich gefährlich war und den die Habsucht der römischen Statthalter zur Wuth[2] entflammt hatte. Dieser Krieg nahm den Tiberius drei Jahre (6—9 nach Chr.) in Anspruch, machte es nöthig, daß von Augustus zur Bestreitung der Kosten desselben eine besondere Kriegskasse, welcher eigene Einkünfte zugewiesen wurden,[3] errichtet wurde und konnte erst beendet werden, als dem Tiberius sein Neffe und Adoptivsohn Germanikus zu Hilfe gesandt worden war.

---

[1] Vellej. 110 u. 111 als Hauptquelle. Dazu Tac. Ann. II. 26. . . . sic Suevos regemque Marboduum pace obstrictum —; und Tac. Ann. II. 46. . . . . conditionibus aequis dicessum etc.

[2] Dio LV. 33. . . . ὑμεῖς τούτων αἴτιοί ἐστε· ἐπὶ γὰρ τὰς ἀγέλας ὑμῶν φύλακας οὐ κύνας οὐδὲ νομέας, ἀλλὰ λύκους πέμπετε. Sagte Bato zu dem um die Ursachen des Aufstandes fragenden Tiberius.

[3] Dio LV. 25.

Suet. Aug. 49. Ut perpetuo ac sine difficultate sumptus ad tuendos eos (milites) prosequendosque suppeteret, aerarium militare cum vectigalibus novis instituit.

Tac. Ann. II. 42. (centesimae vectigal). Ueber den Krieg auch Suet. Tiberius 16 u. 17.

§. 16.
Die Varus=Niederlage und Germaniens Befreiung durch Armin, den Cherusker=Fürsten.
(9 Jahre n. Chr.)

Während der durch den allgemeinen Aufstand in Pannonien und Dalmatien veranlaßten drohenden Gefahr für das römische Reich und des daraus erfolgten dreijährigen Kampfes, der von Tiberius und dem bisherigen Statthalter Germaniens, Sentius Saturninus, mit vieler Umsicht, aber dennoch nicht ohne bedeutende Verluste geführt wurde, hatte die Statthalterschaft Germaniens vom Jahre 6 nach Christus an Quinctilius Varus erlangt, ein Mann, der nach dem von gleichzeitigen Schriftstellern [1] entworfenen Bilde an kriegerische Thätigkeit weniger,

---

[1] Vellej. II. 117. . . . . vir ingenio mitis, moribus quietus, pecuniae vero quam non contemtor, Syria, cui praefuerat, declaravit, quam pauper divitem ingressus, dives pauperem reliquit.

Quellen über die Varus=Niederlage:
Vellejus Paterc. II. 117—120.
Cassius Dio LVI. 18—24. (ergänzend Zonaras).
Florus IV. 12.
Tacit. Annal. I. 55 — II. 45.
Sueton. Aug. 23.
Frontinus B. 2. — 3. — 4.
Orosius VI. 21. und
Strabo für die Namen der Völker.

denn an Muße gewöhnt, von Syrien her, das er verwaltet hatte, wegen seiner Geldgier bekannt war; arm war er dorthin in das reiche Land gekommen, reich verließ er das arme Land. Wohl war in dem sonst freien Germanien während der letzten 24 Jahre von dem wackeren Drusus und, um Anderer nicht zu gedenken, dem kriegsgewandten Tiberius durch beständige Fehden, häufige Siege und allmählige Unterwerfung die angestammte Unabhängigkeit und der edle Freiheitssinn unterdrückt und dessen Bewohner, überrascht, geschreckt und betäubt, fühlten, durch die Reize eines friedlichen Verkehrs und die neuen vorher unbekannten Genüsse gelockt, kaum, wie nahe sie der gänzlichen Unterjochung waren, zumal bisher die Römer in ihrer Klugheit durch trügerische Vorspiegelungen sie zu überlisten und zu erschlaffen bemüht waren. Keineswegs aber waren dieses Landes wilde Bewohner voll ungestümer Kampfgier, die ohne Städte,[1] ohne Dörfer sonst mit den Fellen wilder Thiere,[2] den Siegeszeichen ihrer Jagd, behangen über Berg und Thal in freier Natur durch ihre Wälder zu streifen pflegten,[3] und deren Körper in solch natürlicher Einfachheit zur riesigen, von fremden Na-

---

[1] Tac. Germ. 16. Nullas Germanorum populos urbes habitari satis notum est; ne pati quidem inter se junctas sedes.

[2] Tac. Germ. 17. Gerunt et ferarum pelles etc.

[3] Caesar. b. G. VI. 21. Vita omnis in venationibus atque in studiis rei militaris consistit.

tionen angestaunten Größe in Fülle und Kraft emporgeblüht waren, schon so sehr verkümmert, daß sie des Varus Willkür, der sie gleich den weichlichen Syrern von knechtischer Gesinnung beherrschen zu dürfen glaubte, duldsam hätten ertragen können. Dieser hatte vielmehr durch seinen Uebermuth, durch Eintreibung ungewohnter Abgaben, durch Einführung römischer Sprache und Sitte und namentlich römischer Jurisdiction, durch Liktoren, Ruthenbündel [1]) und Beil, den Werth der verlornen Freiheit und die Erbärmlichkeit der Lage des Vaterlandes fühlbar gemacht und dadurch den Sinn zur Empörung geregt. — Wie kein Anderer fühlte die Schmach des Vaterlandes Armin, Sigimers des Cherusker-Fürsten Sohn. Ein Jüngling,[2]) edel durch seine Herkunft, edler noch durch seine Gesinnung, bei hervorragendem Geiste ausgerüstet mit sichtbarem Muthe, hatte er nach damaliger Sitte der germanischen Edlen römische Kriegsdienste genommen und sich das römische Bürgerrecht und die Ritterwürde erworben. Durchdrungen vom schmerzlichen Gefühle über die Fesseln, in die er das Vaterland geschmiedet sah,

---

1) Flor. IV. 12.: Ausus vero ille (Varus) agere conventum et in castris jus dicere, quasi violentiam barbarorum et lictoris virgis et praeconis voce posset inhibere. At illi etc. — duce Arminio arma corripiunt.

2) Vellej. II. 118. Juvenis genere nobilis, manu fortis, sensu celer, ultra barbarum promptus ingenio, ... ardorem animi vultu oculisque praeferens.

hatte er vor des Varus Augen sorgsam den Schein der Freundschaft bewahrt und ihn immer tiefer in das stolze Gefühl der Sicherheit eingewiegt, gleichwohl aber bereits den kühnen Entschluß gefaßt, das fremde Joch abzuschütteln und dem unterdrückten Vaterlande die frühere Freiheit wieder zu erringen. Nicht zwar verkannte er in seinem Scharfsinne die Schwierigkeit des Unternehmens, — denn da alle festen Plätze von den Römern besetzt waren, viele kriegesmuthige Germanen als Söldlinge in den Legionen der Unterdrücker dienten und dazu die einzelnen Völkerstämme bei dem unheilvollen Mangel an Einheit in ihren Bestrebungen geschieden waren: wäre es beklagenswerthe Tollkühnheit gewesen, von einer planlos unternommenen tapfern That einen günstigen Erfolg zu hoffen. Durch wohlberechnete List vielmehr sollte der stolze Zwingherr gedemüthiget, die Gewalt der Legionen bezwungen, die Gesammtheit der herrschenden Fremdlinge dem unausweichbaren Verhängnisse Preis gegeben werden. Sobald daher Armin, seines Volkes felsenfester Hort, von der möglichen Durchführung seines gut durchdachten Planes überzeugt war, theilt er Anfangs Wenigen,[1] sodann Mehreren seine Absicht mit, kettet sie durch ein Bündniß enger an sich und schreitet nach beschlossener That rasch zur Ausführung. Es ward nun dem Varus, um ihn vom Rheine ab durch waldige mit Truppen

---

[1] Vellej. II. 118. Primo igitur paucos, mox plures in societatem consilii recipit etc.

schwer zu durchziehende Gegenden gegen die Weser zu locken, ein wahrscheinlich absichtlich von den Verbündeten veranstalteter Aufstand eines Volkes an der Ems gemeldet.¹) Varus, ohne Arglist zu ahnen, beschloß alsogleich mit seinen drei besten Legionen,²) sechs Cohorten, drei großen Reiterschaaren und einer angemessenen Zahl Hilfsvölker gegen die Empörer zu ziehen. Armin aber, dessen Gesinnung außer seinem Volke bereits die Brukterer, Marsen und Catten theilten, versprach Hilfstruppen, um auf diesen Vorwand hin den Landsturm aufbieten zu können. Varus, der auf die scheinbaren Freunde vertraute, freute sich des Zuzuges und hegte nicht den mindesten Verdacht. In diesen Tagen, wo der Zauberschein der Hoffnung den Muth der Verbündeten zur kühnen That entflammte, fand sich nur Ein Mann, den die Geschichte als sträflichen Verhöhner der guten Sache gezeichnet, den sie als schändlichen Verräther des Vaterlandes gebrandmarkt hat. Dieser war Segest, auch ein Cheruskerfürst, aber dem Armin, der ihm nach vergeblicher Werbung seine Tochter Thusnelde entführt hatte, persönlich feind. Schon vorher hatte der schnöde Verräther das Bündniß der edlen Patrioten und die kommende Empörung vergeblich entdeckt, be-

---

1) Nach Tac. XIII. 55. vermuthet man die Ampsivarier.

2) Vellej. II. 117. funestae ex Germania epistolae: caesi Vari, trucidatarumque legionum trium, totidemque alarum et sex cohortium.

sonders aber beim letzten Mahle,[1]) nach welchem man zu den Waffen griff, verkündigt und dem Varus gerathen, ihn selbst, den Armin und die andern Haüptlinge in Fesseln zu legen. Die Menge werde nichts wagen, wenn ihre Haüptlinge fehlten, und so werde er Zeit finden, Anschuldigungen und Schuldlose zu sichten! Doch Varus fand durch sein Verhängniß und die Gewalt Armins seinen Untergang.[2]) Er brach mit seinem Heere wirklich gegen die Empörer auf und Armin, der bereits die befreundeten Völker an sich gezogen hatte, folgte mit seinen Schaaren. Der Marsch ging durch dichte Wälder und Thalschluchten und war durch Sümpfe und Moräste höchst beschwerlich; das mit Gepäck beladene Heer konnte sich nur mit unsäglicher Mühe die Wege bahnen; dazu brauste der Sturm durch die Wipfel der Baüme und in Strömen sich ergießender Regen erhöhte die Gefahr, vermehrte die Noth und erschöpfte die Kräfte. Da glaubten die Germanen den Zeitpunkt genaht, wo der Befreiungs-Kampf beginnen

---

1) Tac. Ann. I. 55. Segestes parari rebellionem saepe alias et supremo convivio, post quod in arma itum, aperuit suasitque Varo ut se et Arminium et ceteros proceres vinciret.

Flor. IV. 12. Cum interim tanta erat Varo fiducia, ut ne praedicta quidem et prodita per Segestem ... conjuratione commoveretur.

2) Tacit. Ann. I. 55. Sed Varus fato et vi Arminii cecidit.

sollte. Zuerst drangen sie gegen den Nachzug der Römer ein, stürmten sodann in hitzigem Gefechte gegen das Heer an und verbreiteten, von den Elementen und der Ungunst der Plätze unterstützt, siegend überall Unordnung und Schrecken. Mit wilder Lust wurde der Kampf am zweiten Tage fortgesetzt, bis Varus verwundet und hoffnungslos beim Anblicke der allgemeinen Verwirrung sich in sein Schwert stürzte und am dritten Tage das des Führers beraubte Heer von den immer heftiger und in vermehrter Anzahl einstürmenden Feinden dem unabwendbaren Verderben geweiht war. Nur wenige Römer entkamen in's Castell Aliso. Die Früchte vieljähriger Siege waren verloren und in Rom verbreitete die betrübende Kunde hievon allgemein Furcht und Entsetzen. Germanien aber hieß nach dieser kühnen That in drei hitzigen Tagen der Schlacht, die im Teutoburgerwalde [2]) und zwar im Osning zwischen der Werra

---

1) Vellej. II. 119. Duci plus ad moriendum quam ad pugnandum animi fuit etc.

Tac. Ger. 37. Varum tresque cum eo legiones etiam Caesari abstulerunt.

2) Ueber den Ort: Tac. Ann. I. 60. . . . haud procul Teutoburgiensi saltu, in quo reliquiae Vari legionumque insepultae dicebantur.

Tac. Ann. II. 25.

Vellej. II. 105. . . . et amnis, mox nostra clade nobilis, transitus Visurgis.

Clostermeier (Wo Hermann den Varus schlug?)

und Lippe und genauer zwischen Detmold und Lippspring Statt gefunden zu haben scheint, den Tag
der Freiheit Willkommen!

§. 17.
Folgen des Sieges der Germanen im Teuto-
burger-Walde.

Haben wir nun auch nicht für nöthig erachtet,
einerseits hervorragende Auszeichnung Einzelner, denen
die Geschichte allerdings ein rühmliches Andenken zu
sichern schuldig wäre, in diesem allgemein gehaltenen
Rückblicke zu erwähnen, und finden wir es anderseits
zu weit führend, auf Erörterungen darüber uns ein-
zulassen, wie es glaubwürdig sein könne, daß dem
allgewaltigen Beherrscher der Welt der Verlust von
drei wenn auch bewährten Legionen und einiger Tau-
sende der Hilfsvölker solches Entsetzen bereiten konnte:
so können wir doch Eines nicht übergehen, was sich
als geschichtliche Wahrheit ergibt: Es war das früher erschlaffte Bewußtsein der angestammten Freiheit
bei allen Germanen neu erwacht, der Erfolg einheit-
lichen Strebens gezeigt und die überlegene Kraft
über die Erbfeinde durch ein thatsächliches Beispiel
nachgewiesen. Es war durch diesen Sieg und die
späteren Bemühungen Armin's die politische Stellung
der Germanen zu den Römern klar vorgezeichnet und
unwiderruflich der Wendepunkt nahe gerückt; es war
dem weiteren Vordringen der Römer Stillstand ge-
boten und ihre Vertreibung von den Rhein-Ufern

vorbereitet. Ja bezüglich der Geschichte Germaniens können wir kühn die Ansicht jener theilen, die behaupten, daß dieselbe erst von jetzt an sichern Halt zu gewinnen beginnt, zumal uns von diesem Zeitpunkte an die Ereignisse von Tacitus überliefert und veranschaulicht werden, der sie richtig zu erfassen und gebührend zu würdigen nie ermangelt.

§. 18.
Erneute Kriege des Tiberius.

Die kriegerischen Thaten der Germanen gegen die Römer waren jedoch mit dem Siege des Cheruskerfürsten keineswegs zum Abschlusse gebracht. Während Augustus entsetzlichem Jammer sich hingibt und man in Rom irrig allgemein die Wiederholung des durch die siegreichen Züge der Cimbern und Teutonen verursachten Schreckens befürchtet,[1] eilt Tiberius zu seinem Vater und wird als der stete Schutz-

---

[1] Vellej. II. 120. His auditis revolat ad patrem Caesar: perpetuus patronus Romani imperii. Mittitur ad Germaniam, Gallias confirmat, disponit exercitus, praesidia munit etc. Ultro Rhenum cum exercitu transgreditur.

Cass. Dio LVI. 25. Τιβέριος μὲν καὶ Γερμανικὸς .... ἔς τε τὴν Κελτικὴν ἐσέβαλον .... οὐ μέντοι μάχῃ τινὶ ἐνίκησαν ... οὔτε ἔθνος τι ὑπηγάγοντο· δεδιότες γὰρ μὴ καὶ συμφορᾷ αὖθις περιπέσωσιν, οὐ πάνυ πόρρω τοῦ Ῥήνου προῆλθον etc.

herr des römischen Reiches sogleich nach Germanien geschickt (im J. 10 n. Chr.). Mit einem Heere geht er in kühnem Vertrauen über den Rhein und greift den Feind an, welchen abzuwehren seinem Vaterlande und dem Kaiser genug geschienen hätte. Doch scheint nach Cassius Dio keine erwähnenswerthe Schlacht vorgefallen, noch irgend ein Volk unterworfen worden zu sein. Vielmehr entfernte er sich aus Furcht, in's Verderben zu gerathen, nicht sehr weit vom Rheine. Ja ganz gegen seine frühere Gewohnheit unternahm er nichts, ohne Mehrere zur Berathung gezogen zu haben.[1]

Im nächsten Jahre (11 n. Chr.) kehrte er nach Erschütterung der Macht der Feinde und Beilegung der gallischen Unruhen nach Rom zurück und feierte mit Germanicus den wegen der Fortdauer des Krieges, namentlich aber wegen des dem Varus widerfahrnen Mißgeschickes verschobenen Triumph.[2]

19. Tod

---

[1] *Suet. Tib.* 18. Proximo anno repetita Germania, cum animadverteret, Varianam cladem temeritate et negligentia ducis accidisse, nihil non de consilii sententia egit.

[2] Vell. II. 121. Eadem et virtus et fortuna subsequenti tempore ingressa animum imperatoris Tiberii fuit, quae initio fuerat; qui concussis hostium viribus etc. in Urbem reversus jam pridem debitum sed continuatione bellorum dilatum ex Pannoniis Dalmatisque egit triumphum.

§. 19.
Tod des Kaisers Augustus.

Von da an ist uns über die in Germanien vollführten Thaten bis nach dem Tod des Augustus nichts mehr von Bedeutung bekannt. Dieser war zu Nola¹) (im J. 14 n. Chr.), einer Stadt in Campanien, erfolgt und es hatte Nero Tiberius, der durch einen eilends von seiner Mutter Livia nachgesandten Brief aus Illyrien herbeigerufen war, nach Anordnung der nöthigen Maßregeln den Thron des römischen Reiches bestiegen. Der Erfolge der Thaten des Augustus während seiner langen Regierung zu gedenken, ist, wenn auch sein Ende dazu mahnt, hier nicht der Ort; nur bezüglich Germaniens mögen die Worte des Aurelius Victor in voller Wahrheit gelten, wenn er sagt: „Augustus erlag zu Nola einer Krankheit, nachdem er .... in auswärtigen Ländern die wildesten Völker für den Frieden gewonnen hatte, nur in Germanien nicht." Doch gebührt ihm noch das Verdienst, jenen Mann mit dem Oberbefehle daselbst betraut zu haben, der geeignet schien, den germanischen Krieg zu Ende zu führen,²) nämlich den

---

1) Tac. Ann. I. 5. . . . neque satis compertum est, spirantem adhuc Augustum apud urbem Nolam, an exanimem reppererit (Tiberius).

2) Vellej. II. 123. Quippe Caesar Augustus, cum Germanicum nepotem suum, reliqua belli patraturum misisset in Germaniam . . . processit in Campaniam. —

Sohn des Drusus, seinen Enkel Germanicus (im Jahre 13 nach Chr.).

§. 20.
Aufruhr der Legionen in Pannonien und Germanien.

Indeß entspann sich bei den pannonischen Legionen[1]) ein Aufruhr ohne besondere Veranlassung, nur weil der Fürsten-Wechsel ihnen freies Feld zu Unordnungen und im Bürgerkriege Aussicht auf Gewinn erblicken ließ. Und ehe noch der Aufruhr gedämpft und die Unruhestifter hingerichtet waren, empörten sich fast in denselben Tagen und durch dieselben Anlässe die Legionen in Germanien, um so ungestümer, je stärker sie an Zahl waren, bei großer Hoffnung, daß Cäsar Germanicus keinen Andern als Kaiser über sich dulden und ganz den Legionen sich hingeben werde, deren gewaltige Kraft Alles mit fortreißen würde. Sie ließen ihren Widerwillen gegen Tiberius als Nachfolger des Augustus laut werden und ver-

---

Tac. Ann. I. 3. At Hercule Germanicum Druso ortum octo apud Rhenum legionibus imposuit etc.

1) Tac. Ann. I. 16. Da wir in der folgenden Darstellung über Germanicus fast genau dem Tacitus als zuverlässiger Quelle folgen, so möge die Hinweisung auf die betreffenden Stellen genügen.

Tac. Ann. 31 etc. 40. 42. 44. über diese Empörung.

Vellej. II. 125. Quippe exercitus qui in Germania militabat praesentisque Germanici imperio regebatur, simulque legiones, quae in Illyrico erant, rabie qua-

suchten den Germanicus zur Annahme der Herrschaft zu bewegen. Je näher jedoch dieser der höchsten Hoffnung war, um so nachdrücklicher wirkte er für Tiberius. Mit Berücksichtigung der Forderungen der Soldaten werden sie zudem mit Geld beschwichtigt und endlich durch die Entfernung seiner Gemahlin Agrippina zu den Trevirern und seine Rede voll frischen Schmerzes und Zornes werden sie von Germanicus nicht ohne Gefahr und Mühe so zur Reue gestimmt, daß sie selbst um Bestrafung der Schuldigen flehten und gegen den Feind geführt zu werden baten. Die Strafe an den Schuldigen vollzogen sie selbst auf blutige Weise und auch in ihr letztes Verlangen willigte Germanicus, nachdem auch im Lager des Cäcina zu Vetera durch Drohung eines offenen Krieges nach langem Wüthen der Soldaten die Ruhe hergestellt war.[1]) Wildaufgeregt, wie sie noch waren, sollten sie dort ihre Raserei sühnen; es könnten

---

dam et profunda confundendi omnia cupiditate, novum ducem, novum statum, novam quaerebant rempublicam etc.

Suet. Tiber.: duplex seditio militum in Illyrico et in Germania exorta est. Flagitabant ambo exercitus multa extra ordinem: ante omnia ut aequarentur stipendio praetorianis Germaniciani. Quidam etiam principem detrectabant non a se datum summaque vi Germanicum, qui tum iis praeerat, ad capessendam Rempublicam perurgebant quamquam obfirmate resistentem.

1) Tac. Ann. I, 49.

doch die Geister ihrer Waffenbrüder nicht anders versöhnt werden, als wenn sie auf ihrer schuldbeladenen Brust ehrenvolle Wunden empfingen.

§. 21.

Erster Feldzug des Germanicus.

Der Cäsar ließ sich ihr hitziges Verlangen gefallen, schlug (im J. 14 n. Chr.) eine Brücke und setzte 12000 Mann von den Legionen, 26 Cohorten Bundesgenossen und 8 bei dem Aufruhr nicht betheiligte Reiterschwadronen über den Fluß. In eiligem Marsche [1]) durchschnitt der römische Feldherr den cäsischen Wald und den von Tiberius begonnenen Pfahlgraben, schlug auf dem Damme sein Lager, vorn und hinten durch einen Wall, auf den Seiten durch Verhaue gedeckt. Hierauf zog er durch das finstere Waldgebirge und berathschlagte, ob er von zwei Wegen den kürzern und gewöhnlichen, oder den schwierigern und ungebahnten und darum von den Feinden unbeachteten wählen sollte. Er entschloß sich zum längern und beschleunigte das Uebrige um so mehr; denn Kundschafter hatten berichtet, es sei diese Nacht bei den Germanen ein Fest und dasselbe werde jubelnd bei feierlichem Mahle zugebracht. Cäcina erhielt also den Befehl, mit den leichten Cohorten vor-

---

1) Tac. Ann. I. 50.
Cass. Dio LVII. 3—6. φοβηθείς οὖν ὁ Γερμανικὸς μὴ καὶ αὖθις στασιάσωσιν, ἐς τὴν πολεμίαν ἐσέβαλε etc.

auszuziehen und das hemmende Gehölz wegzuschaffen; in mäßiger Entfernung folgten die Legionen, indem die Nacht mit hellem Sternenglanze günstig war. Man kam vor die marsischen Dörfer, die man mit Feldposten umstellte, während die Einwohner noch auf ihren Lagerstätten und an den Tischen herumlagen, ohne Besorgniß und ohne ausgestellte Wachen. So sehr war Alles sorglos ohne Ahnung eines Ueberfalles, und da sie betrunken waren, auch nur ein schlaffer, ordnungsloser Friede.

Um der Verheerung eine weitere Ausdehnung zu geben,[1] vertheilte der Cäsar die kampfgierigen Legionen in vier Keilrotten und verwüstete fünfzig römische Meilen weit Alles mit Feuer und Schwert; kein Geschlecht, kein Alter fand Erbarmen; Geweihtes und Ungeweihtes, darunter auch das bei jenen Völkerschaften im höchsten Ansehen stehende Heiligthum der Tamfana wurde dem Boden gleich gemacht. Die Soldaten, welche das schlaftrunkene, waffenlose oder vereinzelnt umherirrende Volk niedergehauen hatten, blieben unverwundet. Dieses Blutbad regte die Brukterer, Tubanten und Usipeter auf; sie besetzten die Waldhöhen, durch welche das Heer zurückkehren sollte.

---

[1] Tac. Ann. I. 51. Cass. Dio LVII. 3—6.
Suet. Cal. 1. (Germanicus) missus ad exercitum in Germaniam, excessu Augusti nuntiato, legiones universas imperatorem Tiberium pertinacissime recusantes et sibi summam Reipublicae deferentes .... compescuit: atque hoste mox devicto triumphavit.

Das wußte der Feldherr und zog für Marsch und Kampf gerüstet einher. Der Feind blieb unbeweglich, bis der Zug sich durch die Waldhöhen hindehnte. Dann aber während eines leichten Angriffes auf den Flanken und von vorne stürmten sie mit aller Macht auf den Nachzug. Schon geriethen durch die dichtgedrängten Schaaren der Germanen die leichten Cohorten in Unordnung, da ritt Cäsar zur zwanzigsten Legion heran und rief mit lauter Stimme: „das sei der Augenblick, die Empörung vergessen zu machen; sie sollten vorrücken und sich beeilen, ihre Schuld in Ruhm zu verwandeln." Da entbrannte der Muth; mit einem Stoße durchbrachen sie den Feind, drängten ihn auf einen freien Platz zurück und hieben ein. Zugleich gelangten die Schaaren des Vorderzuges vor den Wald hinaus und befestigten ein Lager. Ruhig war von da an ihr Zug. Voll Selbstvertrauen wegen der neuesten Ereignisse und des Frühern nicht mehr gedenkend, wurde das Heer in's Winterquartier verlegt.

§. 22.

Zweiter Feldzug des Germanicus.

Der zweite Feldzug (im Jahre 15 n. Chr.) sollte vorzüglich gegen die Cherusker gerichtet sein. Doch wollte Germanicus zuvor noch, und zwar sogleich mit anbrechendem Frühlinge seinen Streifzug in das Land der Catten vornehmen.[1]) Er übergibt also vier

---

1) Tac. Ann. I. 56.

Legionen, 5000 Mann Hilfstruppen sammt dem Aufgebote der Germanen des linken Rhein-Ufers dem Cäcina. Eben so viele Legionen und die doppelte Zahl Bundesgenossen führt er selbst. Nachdem er auf den Resten der von seinem Vater auf dem Taunus-Gebirge aufgeworfenen Verschanzung ein Castell angelegt hatte, eilte er mit seinem des Gepäckes ledigen Heere in das Land der Catten. Lucius Apronius war zurückgelassen, um Wege durch's Land und über die Gewässer herzustellen. Denn bei Trockenheit und niedrigem Wasserstande — was selten ist unter jenem Himmelsstriche — hatte er schnell und ohne Schwierigkeit das Ziel seines Marsches erreicht, fürchtete aber für den Rückzug Regengüsse und Anschwellen der Flüsse. Den Catten erschien er so unerwartet, daß Alles, was durch Alter oder Geschlecht wehrlos war, sogleich gefangen oder niedergemacht wurde. Die wehrhafte Mannschaft war über die Eder geschwommen und hemmte die Römer, die eine Brücke zu schlagen begannen. Als sie sodann, durch Wurfgeschosse und Pfeilschüsse zurückgetrieben, vergeblich zu unterhandeln versucht hatten und einige zu Germanicus herübergeflohen waren, ließen die Andern Gaue und Dörfer im Stiche und zerstreuten sich in die Wälder. Der Cäsar verbrannte Mattium, den Hauptort des Volksstammes, verheerte das Gebiet und wandte sich dem Rheine zu, ohne daß der Feind den Zug im Rücken zu beunruhigen versuchte, was sonst bei ihm Sitte ist, wenn er mehr aus List als aus Furcht zurückgewichen ist. Die Cherusker hatten zwar vor, den Catten beizustehen; doch Cäcina, der bald hier, bald dort angriff, schreckte sie ab. Die Marsen, die ein Treffen wagten, wies er in glücklichem Kampfe zurück.

Nicht lange darauf erschienen Abgeordnete von Segestes[1]) bei Germanicus, die um Hilfe baten gegen die Gewalt seines eigenen Volkes, von dem er bedrängt wurde, da Armin als derjenige, der zum Kriege rieth, jetzt überwiegenden Einfluß bei ihnen hatte; denn je kühner Einer zu raschen Thaten entschlossen ist, desto zuverlässiger erscheint er einem rohen Volke und desto werther ist er ihnen in bewegter Zeit. Germanicus zog alsbald zum Entsatze herbei, bekämpfte die Belagerer und befreite den Segestes, mit welchem zugleich seine eigene Tochter Thusnelda, mehr dem Gatten als dem Vater gleich gesinnt[2]) und zu der Zeit eben von Armin schwanger, in die Hände der Römer gerieth. Segestes war im Bewußtsein guter Freundschaft unverzagt, erhielt auch nach einer des steten Verräthers der germanischen Sache würdigen Rede[3]) von dem Cäsar eine gnädige Antwort und nebst versprochener Schonung sei-

---

1) Tac. Ann. I. 57.
2) ibidem: Inerant feminae nobiles, inter quas uxor Arminii eademque filia Segestis, mariti magis quam parentis animo, neque victa in lacrimas, neque voce supplex, compressis intra sinum manibus gravidum uterum intuens. Ihr Name bei Strabo VII.
3) Tac. Ann. I. 58.

ner Kinder und Anverwandten einen Wohnsitz am linken Rheinufer.[1]) Das römische Heer wurde sofort zurückgeführt und Germanicus nahm auf des Tiberius Befehl den Imperator-Titel an.

Die Kunde von der Unterwerfung des Segestes und dessen freundliche Aufnahme[2]) wurde, je nachdem man für oder wider den Krieg gestimmt war, mit Hoffnung oder Entrüstung vernommen. Den Armin trieb außer seiner angebornen Heftigkeit der Raub seines Weibes und ihre Leibesfrucht, in Sklaverei verkauft, wie wahnsinnig umher; er flog hin durch's Cherusker-Land und rief zu den Waffen gegen Segest und wider den Cäsar. Auch die angrenzenden Stämme wurden aufgeregt und es stand ein fürchterlicher Kampf bevor, da auch Ingiomer, der Oheim des Armin, der bei den Römern in großem Ansehen stand, zum Beitritte bewogen wurde. Auf die Nachricht hievon beschloß Germanicus zuvorzukommen und sandte, um die Feinde auseinander zu halten, den Cäcina mit 40 römischen Cohorten durch das Land der Brukterer an die Ems; die Reiterei mußte Pedo durch das Gebiet der Friesen führen. Er selbst setzte mit vier eingeschifften Legionen über die Seen (später Zuydersee); am bestimmten Punkte beim Flusse tra-

---

1) Tac. Ann. I. 58. . . Caesar ipsi sedem vetere in provincia pollicetur, dagegen wird als neue Provinz gedacht, was die Römer vor der Varus-Niederlage auf dem rechten Rheinufer besessen hatten.
2) Tac. Ann. I. 59 u. 60.

fen Fußvolk, Reiterei und Flotte zusammen, und da auch die Hilfsvölker der Chaucen zur Armee gestoßen waren, rückte man vorwärts. L. Stertinius wurde von hier mit leicht gerüsteter Mannschaft gegen die Brukterer vorausgesandt und fand während des Blutvergießens und Plünderns den unter Varus verlornen Adler der neunzehnten Legion.[1]) Germanicus zog von da mit dem Heere bis zu den entferntesten Brukterern und alles Land zwischen der Ems und Lippe ward verwüstet, nicht weit vom Teutoburger-Walde, wo Varus und die Reste seiner Legionen unbestattet liegen sollten.

Hier, wo das gesammte anwesende Heer im Gedanken an Verwandte und Freunde, an die Wechselfälle des Krieges und des Looses der Menschen zur Wehmuth gestimmt war, ergriff den Cäsar das Verlangen, den Soldaten sammt dem Führer den letzten Liebesdienst zu erweisen; er sammelte also und bestattete die Gebeine der vor sechs Jahren Gefallenen. Hierauf folgte er dem Armin auf dessen Rückzug in unwegsamen Gegenden und lieferte ihm bei der ersten Gelegenheit, die sich darbot, eine Schlacht, in der eine Niederlage der Reiterei und der Bundesgenossen noch glücklich durch die vorgeführten Legionen verhindert wurde und man sich mit gleichem Erfolge trennte. Von da wurde das Heer wieder an

---

1) Tac. Ann. I. 60. Inter (que) caedem et praedam repperit undevicesimae legionis aquilam cum Varo amissam.

die Ems zurückgeführt. Die Legionen schifften sich ein und die Reiterei unter Pedo begab sich am Gestade der See an den Rhein zurück. Cäcina bekam, obwohl sein Rückmarsch auf bekannten Wegen erfolgte, die Weisung, die langen Brücken — ein einst von L. Domitius zwischen weithingedehnten Morästen schmaler Steg — so zeitig als möglich zu überschreiten.[2]) Diese hielt Armin besetzt, der in Eilmärschen dem schwer bepackten Heere zuvorgekommen war und Cäcina, der nach vierzig Dienstjahren wohl bekannt mit Glück und Noth und darum unverzagt war, hätte demohngeachtet nahezu das Verhängniß des Varus getheilt. Denn als die Lastwagen in Schlamm und Gräben stacken, die Soldaten ringsum in Verwirrung und die Feldzeichen in Unordnung waren und jeder, wie es bei solchen Umständen geschieht, nur sich zu retten eilte und Niemand auf das Commando hörte, da läßt Armin seine Germanen anstürmen mit dem Rufe[3]): „Hier Varus und die Legionen von demselben Verhängnisse zum zweiten Male festgebannt." In demselben Augenblicke durchbrach er mit einer auserlesenen Schaar den Zug und brachte vorzugsweise den Pferden Wunden bei, die sodann in ihrem eigenen Blute und schlüpfrigem Schlamme die Reiter abwarfen und die Liegenden zerstampften.

---

1) Tac. Ann. I. c. 61. 62. 63.

2) Tac. Ann. I. 63—65.

3) ibidem 65: En Varus et eodem iterum fato vinctae legiones!

Aus solchem Kampfe wurden sie nur durch des Führers Klugheit und Herzhaftigkeit, freilich nach empfindlichen Verlusten gerettet, fanden Kraft, Gesundheit und Sättigung — Alles im Siege und gelangten an die Rheinbrücke, bei welcher [1]) Agrippina die zurückkehrenden Krieger empfing und die Dürftigen und Verwundeten sofort mit mütterlicher Sorgfalt pflegte.

Auch von den Legionen, die sich unter Germanicus eingeschifft hatten, litten zwei, die unter P. Vitellius [2]) zur Erleichterung der Schiffe an das Land gesetzt worden waren und längs der Küste marschiren mußten, sehr viel, nicht von den Feinden, sondern von der schwellenden Fluth. Endlich gelangten sie doch aus dieser Lage zum Flusse Hunse, wo sie die Flotte trafen und von dem Cäsar aufgenommen wurden.

§. 23.

Dritter Feldzug des Germanicus
(im Jahre 16 n. Chr.)[*)]

Da Germanicus die schrecklichen wie die glücklichen Ereignisse des lange dauernden Kampfes er=

---

1) Tac. Ann. I. 69. Tradit C. Plinius, Germanicorum bellorum scriptor, stetisse apud principium pontis, laudes et grates reversis legionibus habentem.
2) ibidem c. 70. und Suet. Vitell. 2. Publius (Vitellius) *Germanici comes*..... Cn. Pisonem inimicum accusavit etc.
*) Tac. Ann. II. 5—26.

wog, so war er um so ernstlicher bemüht, den Sieg zu beschleunigen, je verhaßter er seinem Oheim und je lebhafter der Soldaten Liebe zu ihm war. Bisher seien die römischen Heere in den germanischen Feldzügen immer durch Wälder und Sümpfe, durch ermüdende, gefährliche und mit Kosten und Zeitverlust verbundene Märsche in Nachtheil gekommen. Ginge man zur See, so habe man ein verfügbares, dem Feinde unbekanntes Eigenthum. Bei voller Kraft würde die gesammte Macht durch die Mündungen und Betten der Flüsse in's Herz Germaniens gelangen. Deßhalb ließ er schleunig bei der Insel der Bataver, wo sich die Waal vom Rheine trennt, eine Flotte von tausend Schiffen bauen. Während diese herbeigeschafft wurden, ließ der Cäsar durch seinen Legaten Silius mit leichtgerüsteter Mannschaft einen Einfall in das Catten-Land[1]) machen, wo er übrigens wegen unvermuthet eingetretener Regengüsse nichts von Bedeutung ausrichten konnte. Auch Germanicus, der mit sechs Legionen zum Entsatze des an der Lippe belagerten Castells Aliso herangekommen war, konnte nichts vollführen, da sich die Feinde bei dem Gerüchte

---

ibidem c. 5. Fundi Germanos acie et justis locis, juvari silvis paludibus, brevi aestate et praematur a hieme; suum militem haud perinde vulneribus quam spatiis itinerum, damno armorum adfici etc.

1) Germ. des Tac. c. 30. Ultra hos (- Mattiaticos) Catti initium sedis ab Hercynio saltu inchoant, . . . : et Cattos suos saltus Hercynius prosequitur simul atque deponit.

seines Anmarsches zerstreut hatten. Jedoch fand er den im vorigen Jahre den varianischen Legionen errichteten Grabhügel und den vormals zu Ehren des Drusus gebauten Altar zerstört.[1] Letzteren stellte er wieder her und das ganze Land zwischen dem Castell Aliso und dem Rheine wurde mit neuen Grenzwällen und Dämmen wohl versehen. Nach diesen Vorfällen fuhr er mit der Flotte durch den Drusus-Canal[2] und gelangte in glücklicher Fahrt über die Seen und den Ocean bis an die Ems. Die Flotte ließ er zu Amisia, einem Orte unfern der Mündung des gleichnamigen Flusses und an dessen linkem Ufer zurück. Ein großes Versehen wurde dadurch gemacht, daß man die für die rechte Flußseite bestimmten Soldaten an der linken Seite an's Land setzte, wodurch man genöthigt war, mehrere Tage mit Brückenbauten hinzubringen. Vermittelst dieser kam Germanicus über die Ems und gelangte ohne Zweifel an die Weser. Während er hier sein Lager schlug, ward ihm gemeldet, daß bei den in seinem Rücken sich befindenden Ampsvariern[*] eine Empörung ausgebrochen

---

[1] Tac. Ann. II. 7. Tumulum tamen nuper Varianis legionibus structum et veterem aram Druso sitam disjecerant. Restituit aram . . . . : tumulum iterare haud visum etc.

[2] Ibidem c. 8. Früher Tac. I. 60. . . . quatuor legiones per lacus vexit etc. fuhren die vier Legionen vom Oberrhein ebenfalls auf der fossa Drusiana.

[*] Die Ampsvarier wohnten im Westen der Ems; da Germanicus die Weser noch nicht überschritten hatte, so

sei.[1]) Daher schickte er sogleich den Stertinius mit Reiterei und leichtbewaffneter Mannschaft dahin ab, der ihre Treulosigkeit mit Feuer und Schwert rächte. Die Weser nur trennte die Römer und Cherusker. Dieser Fluß war hier von so mäßiger Breite, daß Armin, der die Cherusker anführte, nach erfolgter Erlaubniß des Cäsars sich mit seinem Bruder Flavus, der bei den Römern diente, unterreden und ihn an die dem Vaterlande schuldige Pflicht mahnen konnte.[2]) Die Römer bewerkstelligten den Uebergang über den Fluß[3]) und trafen den Armin auf der Fläche Namens Idistaviso,[4]) die zwischen der Weser und Anhöhen hinzieht, zusammen. Die Schlacht nahm für die Germanen eine unglückliche Wendung und selbst Armin kam nur durch eigene Kraftanstrengung und den wilden Muth seines Rosses durch; gleiche Tapferkeit oder List half dem Ingiomer. Dennoch war es ein großer und von den Römern ohne Opfer errungener

---

    muß man die Angrivarier, die zwischen der Weser und Elbe sich befanden, als unrichtig betrachten. (Nipperdey.)

1) Tac. Ann. II. 8. Metanti castra Caesari Ampsivariorum defectio a tergo nuntiatur.
2) Tac. Ann. II. 10. . . . ille fas patriae, libertatem avitam, penetralis Germaniae deos, matrem precum sociam; ne propinquorum et adfinium, denique gentis suae desertor et proditor quam imperator esse mallet.
3) Ibidem c. 11. 12—16.
4) Tac. Ann. II. 16. Sic accensos et proelium poscentes in campum cui Idistaviso nomen deducunt.

Sieg. Auf der Wahlstätte errichtete die Mannschaft aus erbeuteten Waffen ein Siegesmal mit Angabe der überwundenen Völkerstämme,[1] was die Germanen in solche Wuth versetzte, daß sie in einer zweiten Schlacht das Äußerste wagten. Aber auch in dieser blieben die Germanen ungeachtet ihres gleich großen Muthes durch die Art des Gefechtes und ihrer Waffen im Nachtheile. Hierauf sollte Stertinius die Ampsivarier angreifen; allein sie ergaben sich unbedingt[2] und erlangten vollständige Verzeihung. Da der Sommer bereits vorgerückt war, so sandte man die einen der Legionen zu Lande in die Winterquartiere; die meisten übrigen aber schifften sich mit Germanicus auf der Flotte ein, welche die Ems hinab in's Meer fuhr. Und anfangs rauschte noch ruhig die See unter den Ruderschlägen der tausend Schiffe;[3] bald aber erhob sich ein furchtbarer Sturm; die ganze Flotte wurde zerstreut und so allgemein war das vernichtende Unglück, daß Germanicus, der allein auf seinem Schiffe[4] an's Land der Chaucen getrieben wurde, in vollster Verzweiflung mit Mühe von seinen Freunden gehindert werden konnte, in demselben

---

[1] Tac. Ann. II. c. 18. Miles ... in modum tropaeorum arma subscriptis victarum gentium nominibus imposuit.

[2] Tac. Ann. II. 22.

[3] Beschreibung des Sturmes bei Tac. Ann. II. cap. 23.

[4] Ibidem c. 24. Sola Germanici triremis Chaucorum terram adpulit, quem ... vix cohibuere amici quominus eodem mari oppeteret.

Meere den Tod zu suchen. Indeß kamen mit wieder eintretender Fluth viele Schiffe, obgleich in traurigem Zustande, wieder zurück, die sogleich ausgebessert wurden und ausgeschickt, die Inseln zu durchsuchen. Manche wurden auch durch die kurz zuvor begnadigten Ampsvarier von den weiter einwärts Wohnenden losgekauft und Andere, die nach Britannien verschlagen waren, wurden von den dortigen Stammfürsten zurückgesandt. Damit aber die Nachricht von solchem Verluste der Römer die Germanen nicht zu sehr ermuthige, wurde noch in diesem Feldzuge C. Silius mit 30,000 Fußtruppen und 3000 Reitern gegen die Catten geschickt; Germanicus selbst fiel mit noch größerer Streitmacht in dem Lande der Marsen[1]) ein, bei welcher Gelegenheit er durch Verrath des Mallovendus einen unter Varus verlornen Legionsadler erbeutete und durch Verheerungen des Landes und glückliche Kämpfe bei den Germanen die Ueberzeugung feststellte, daß die Römer weder im Felde noch durch Mißgeschick[2]) besiegbar wären. Jetzt erst bezogen die Truppen die Winterquartiere und Germani-

---

1) Tac. Ann. II. 25. . . . C. Silio cum triginta peditum, tribus equitum milibus ire in Cattos imperat; ipse majoribus copiis Marsos irrumpit etc.

2) Ibidem: Quippe invictos et nullis casibus superabiles Romanos praedicabant, qui perdita classe, amissis armis, post constrata equorum virorumque corporibus litora eadem virtute, pari ferocia et velut aucti numero inrupissent.

cus gab sich der gegründeten Hoffnung hin, im nächsten Sommer die Bezwingung Germaniens vollenden zu können; allein der Neid des Tiberius rief ihn zu dem bewilligten Triumphe und der Uebernahme des zweiten Consulates von seiner siegreichen Laufbahn ab.[1]) Bei seiner Rückkehr wurde Germanicus auf die ehrenvollste Weise empfangen und am 26. Mai des folgenden Jahres feierte er seinen Triumph über die Cherusker, Catten, Angrivarier und andere bis zur Elbe hin wohnenden Völkerschaften,[2]) wobei die

---

1) Tac. Ann. II. 26. Sed crebris epistolis Tiberius monebat, rediret ad decretum triumphum: satis jam eventuum, satis casuum etc. .... Posse Cheruscos ceterasque rebellium gentes, quoniam Romanae ultioni consultum esset, internis discordiis relinqui. Precante Germanico annum efficiendis coeptis acrius modestiam ejus aggreditur alterum consulatum offerendo etc.

2) Tac. Ann. II. 41.

C. Caecilio L. Pomponio consulibus Germanicus Caesar a. d. VII. K. Junias triumphavit de Cheruscis Cattisque et Angrivariis quaeque aliae nationes usque ad Albim colunt etc.

Suet. Calig. 1. .... hoste mox devicto triumphavit.

Vellej. II. 129. Quibus praeceptis instructum Germanicum suum imbutumque rudimentis militiae secum actae, domitorem recepit Germaniae? Quibus juventam ejus exaggeravit honoribus, respondente cultu triumphi rerum quas gesserat magnitudini.

Strabo VII. 1.

Gefangenen (darunter Thusnelda, die Gemahlin Armin's) und die erbeuteten Waffen einhergeführt und der Genuß der Zuschauer besonders durch seine eigene edle Gestalt und dadurch erhöht wurde, daß der Wagen mit fünf Kindern besetzt war. Doch befürchtete man hier schon in der Erinnerung an seinen Vater Drusus, es möchte ihm die Zuneigung des Bürgerstandes kein Glück bringen; denn nur ein kurzes Lebensziel scheine den Lieblingen des römischen Volkes beschieden zu sein. Und wirklich starb er kurz hernach, sehr wahrscheinlich an Gift, im Oriente,[1] wohin er unter anständigem Vorwande zur Ordnung der Angelegenheiten entfernt worden war. Germanicus hatte unläugbar die Eroberung Gemaniens bis an die Elbe nahezu beendet, doch großentheils nur durch die Zwietracht der germanischen Stämme selbst unterstützt, die so entschieden hervortrat, daß Tiberius bei dessen Abberufung sich der Hoffnung hingab, man könne selbst die Cherusker gleich den übrigen aufgestandenen Volksstämmen den innern Händeln überlassen.[2]

---

[1] Tac. Ann. II. 70. Saevam vim morbi augebat persuasio veneni a Pisone accepti. c. 71 u. 72.

Suet. Calig. 1. .... annum aetatis agens quartum et trigesimum, diutino morbo Antiochiae obiit, non sine veneni suspicione. Dio LVII. 18.

[2] Tac. Ann. II. 26. Die bereits oben erwähnte Stelle: Posse Cheruscos . . . internis discordiis relinqui.

§. 24.
Kampf zwischen Armin und Marbod.

Da Tiberius weder Lust hatte, die errungenen Länder zu behaupten, noch den mächtigen Suevenkönig Marbod anzugreifen, so begnügte er sich, die Germanen durch innere Unruhen zu schwächen und, in wie weit es geschehen könnte, aufzureiben. Daß man sich solcher Hoffnung hingeben könne, hatte die Geschichte Germaniens schon zu oft gezeigt und selbst der tiefblickende Tacitus ruft einige Zeit hernach in seiner Schrift über Germanien nach Berichtung der gegenseitigen Kämpfe einiger Stämme aus: „Bliebe doch und dauerte unter den Völkern, wo nicht Liebe zu uns, doch wenigstens gegenseitiger Haß, da bei des Reiches drängenden Verhängnissen das Glück nichts Größeres gewähren kann, als der Feinde Zwietracht!"[1] Leider ist auch dem Tiberius bezüglich der zwei mächtigsten Fürsten sein Plan nur zu gut gelungen! Denn nach Entfernung der Römer und von auswärtigen Gefahren befreit hatten nach des Volkes gewohnter Weise und damals auch aus Wetteifer um den Vorrang die Sueven und Cherusker die Waffen gegen sich selbst gewandt. Die Kraft der Stämme und die Tapferkeit der Heerführer war bei-

---

[1] Tac. Germ. 33. Maneat, quaeso, duretque gentibus, si non amor nostri, at certe odium sui: quando, urgentibus imperii fatis, nihil jam praestare Fortuna majus potest, quam hostium discordiam.

derseits gleich,[1] aber den Marbod machte der Königstitel seinen Landsleuten verhaßt, während Armin als Kämpfer für die Freiheit in Gunst stand. Zudem war Marbod durch den Abfall der Longobarden und Semnonen, die auf Armin's Seite traten, bereits geschwächt, und als es, einerseits für alten Ruhm und neue Freiheit, anderseits für Mehrung der Herrschaft, zur Schlacht kam, entschied sich diese zu Gunsten der Cherusker und Longobarden.[2] Marbod entfloh zu den Markomannen und schickte Gesandte an Tiberius, um Hilfsvölker zu erbitten. Die Antwort war, er habe kein Recht, wider die Cherusker die römischen Waffen anzurufen, da er die Römer im Kampfe wider denselben Feind mit keinerlei Hilfe unterstützt habe.[3] Doch ward Drusus hingesandt, um in den dort liegenden römischen Provinzen den Frieden zu sichern. Dieser erwarb sich keinen geringen Ruhm dadurch, daß er die Germanen[4] noch

---

[1] Tac. Ann. II. 44. Vis nationum, virtus ducum in aequo; sed Maroboduum regis nomen invisum apud populares, Arminium pro libertate bellantem favor habebat. Igitur non modo Cherusci sociique eorum, vetus Arminii miles, sumpsere bellum, sed e regno etiam Marobodui Suevae gentes, Semnones ac Longobardi, defecere ad eum.

[2] Tac. Ann. II. 46.

[3] Ibidem: Responsum est non jure eum adversus Cheruscos arma Romana invocare, qui pugnantis in eundem hostem Romanos nulla ope adjuvisset etc.

[4] Ibidem c. 62.

mehr unter sich entzweite und den allseitig verlassenen Marbod, nachdem dessen Reich von einem edlen Gothen Namens Catualda in Besitz genommen war, so schwächte, daß ihm als letzte Zuflucht nur des Kaisers Erbarmen blieb.[1] Es wurde ihm als Aufenthaltsort Ravenna gewährt, wo er achtzehn Jahre als Privatmann lebte und alterte mit tiefgesunkenem Ruhme. Doch auch der neue Suevenfürst Catualda hatte kein besseres Geschick. Er wurde bald durch die Hermunduren unter Anführung des Vibilius[2] vertrieben und ward, zu den Römern flüchtig, nach Forum Julium im narbonensischen Gallien verwiesen. Da die beiden Markomannen-Fürsten von einem großen Gefolge begleitet wurden, und man von diesen möglicher Weise Unruhen in den friedlichen Provinzen befürchtete, so wurde denselben nordwärts der Donau das Land zwischen der March und Waag eingeräumt und ihnen Vannius aus dem Stamme der Quaden als König gegeben.

§. 25.
Armin's Tod.

Auch Armin's Ende ist höchst beklagenswerth.[3] Schon früher hatte sich der Cattenfürst Adgande-

---

1) Tac. Ann. II. 63. Maroboduo undique deserto non aliud subsidium quam misericordia Caesaris fuit etc.
2) Ibidem; über sein und Vannius späteres Geschick Tac. Ann. XII. 29.
3) Tac. Ann. II. 88.

strius[1]) den Römern zu dessen Vergiftung erboten, von diesen aber die Antwort erhalten, es räche sich das römische Volk offen und mit bewaffneter Hand an seinen Feinden. Da er aber nach dem Abzuge der Römer durch sein Streben nach Königsgewalt seine Landsleute wider sich aufgebracht hatte, fiel er durch Verrath seiner Verwandten. Ihm, dem wir nach so vielen Jahrhunderten unsere Bewunderung in wahrer Verehrung weihen, gibt Tacitus in gerechter Würdigung seiner Vortrefflichkeit das ausgezeichnete Lob,[2] „er sei anerkannter Maßen der Befreier Germaniens, der das römische Volk in seiner höchsten Kraftentwicklung herausgefordert habe. In Schlachten nicht immer glücklich, sei er dennoch im Kriege unüberwunden geblieben."

---

[1] Dr. Wittmann in seiner Festrede in der Akademie zu München 1851: „Die Germanen und die Römer rc." sagt hierüber: „Abgandestrius, den Catten von den Römern aufgedrängt, scheint nicht germanischer, sondern gallischer Abkunft zu sein, wie auch sein Name beweisen dürfte; denn gallische Namen sind häufig mit ad zusammengesetzt, z. B. Adbucillus, Adcantuannus (Caesar b. g. III. 22.), Admagetobria." Seine Giftmischerei komme also nicht auf die Germanen.

[2] Tac. Ann. II. 88. liberator haud dubie Germaniae et qui non primordia populi Romani, sicut alii reges ducesque, sed florentissimum imperium lacessierit, proeliis ambiguus, bello non victus.

§. 26.
Schluß.

Hier schließen wir die kurze Rückschau zu unsern ehrwürdigen Ahnen, nicht als ob die Kämpfe der Germanen gegen die Römer beendet wären und sich uns deßhalb ein passender Ruhepunkt im Verlaufe der Ereignisse darböte, als vielmehr darum, weil wir die uns vorgenommene Aufgabe zum Abschlusse gebracht zu haben glauben. Wir können nämlich die Eroberungen der Römer in Germanien mit dem Scheiden des Germanicus füglich als beendet betrachten, zumal schon, nach vereinzelnten im Ganzen weniger einflußreichen Reibungen, mit dem Freiheitskampfe der Bataver unter Claudius Civilis 69 n. Chr. die Zeit genaht war, wo die Macht der Römer im Innern von Germanien, also am rechten Rheinufer, fast gänzlich als gebrochen erscheint und von da ab jene Wendung einzutreten beginnt, der gemäß die durch die kurz besprochenen Ereignisse so rühmlich in der Weltgeschichte aufgetretenen, lebensfrischen germanischen Völkerstämme, nachdem das ermattende Römerreich seine Aufgabe erfüllt zu haben schien, ihre von der Vorsehung ihnen gewordene Bestimmung zu erfassen und die Völker Europa's geistig und sittlich neu zu beleben bestrebt sind.

Geographisches Lexicon

als

Anhang,

der

die zum Verständniß dieser Schrift unumgänglich nothwendigen, oder wenigstens den mit den Völkerstämmen des alten Germaniens und Galliens nicht vertrauten Lesern wünschenswerthen Erörterungen und Hinweisungen nach den Ergebnissen der einschlägigen Werke enthält.

A.

Aduatuker, die, sind Nachkommen der Cimbern und Teutonen (Caesar b. g. II. 29. sagt: ipsi erant ex Cimbris Teutonisque prognati), also ursprünglich ein germanisches Volk, das zwischen der Maas und Schelde als Nachbarn der Eburonen in Gallia belgica wohnte.

Aeduer, die, ein gallisches den Römern befreundetes Volk zwischen dem Liger und Arar bis gegen Lugdunum herab. Caesar b. g. I. 11 etc. 31.

Aliso, ein von Drusus im Jahre 11 v. Chr. wahrscheinlich am Zusammenflusse der Lippe und Lise bei Lisborn errichtetes Castell. Tac. ann. I. 56. II. 7. C. Dio LIV. 32. — Es ist dasselbe, das die Germanen nach der Varus-Niederlage besetzt hielten. Ueber dieses Castell schrieb neulich Dr. W. E. Giefers in der Zeitschrift für vaterländische Alterthumskunde und Geschichte 7. Bd. Münster, Regensb. — Nach Reinking in seiner Schrift über die Niederlage des Q. Varus wäre dieses Castell in der Nähe von Hamm zu suchen.

Alpen, die, sind eine Gebirgsmasse, die theils Ober-Italien einschließt, theils sich nord- und ostwärts verzweigt. Bezüglich ihrer Eintheilung scheinen schon zur römischen Kaiserzeit bestimmte Unterschiede bestanden zu haben, da die Alpes maritimae bei Tac. ann. XV. 32, die A. cottianae Tac. hist. I. 61, A. grajae Tac. ann. II. 66, und dazu A. penninae bei Liv. XXI. 38, A. rhaeticae Hor. Od. IV. 4. Tac. Germ. 1, A. noricae Flor. III. 3, A. juliae Tac. hist. III. 8. erwähnt werden.

Ambarren, die, sind nach Liv. V. 34. unter den gallischen Völkern, die nach Italien ziehen. Sie wohnten an der Ostseite des Arar in Gallia celtica, südöstlich von den Aeduern, als deren Stammverwandte sie uns bei Caesar b. g. I. 11. (necessarii et consanguinei Aeduorum) bekannt werden.

Ambronen, ein celtisches Volk, das sich im Kriegszuge der Cimbern und Teutonen an diese anschloß und gegen die Römer zog. Ihre Wohnsitze sind nicht ermittelt. — Plut. Mar. c. 19.

Amisia, vermuthlich ein Castell an der Westseite des gleichnamigen Flusses, nahe an dessen Mündung. Tac. ann. II. 8.; doch bestreiten berühmte Erklärer des Tac. (Nipperdey ab ex. d. Aug. pag. 75) mit vieler Wahrscheinlichkeit das Vorhandensein dieses Ortes.

Ampsivarier, die, waren ein bedeutsamer germanischer Volksstamm zu beiden Seiten der Niederems. Nach Tac. ann. XIII. 55. bezogen sie die von den Friesen geräumten Ländereien.

Aquae Sextiae, eine Stadt nördlich von Massilia, war eine römische Colonie, die durch den in ihrer Nähe von Marius über die Teutonen erfochtenen Sieg geschichtliche Berühmtheit erlangte. Plut. Mar. 18. Sie ward von Sextius Calvinus gegründet und ihre Mineralbäder genoßen nicht unbedeutenden Ruhm. Jetzt Aix im Depart. der Rhonemündungen.

Ara Drusi. Es ist nicht möglich, genau zu bestimmen, auf welcher Stelle er sich befunden habe. Gewiß ist nach der Erzählung des Tac. ann. II. 7. nur, daß er nicht fern von Aliso stand.

Arpinum, eine ursprünglich volscische Stadt, lag am Fibrenus unweit des Liris und gehörte später den Samnitern. Als Geburtsort des Marius Plut. Mar. 3. und des Cicero ist sie besonders bemerkenswerth geworden.

Arverner, ein gallisches, in früherer Zeit mächtiges Volk im heutigen Auvergne, östlich bis an den Liger, südlich bis an die Sevennen. Liv. V. 34. Caesar b. g. I. 45. Sie erscheinen als Schutzbefohlene der Römer.

Attuarier, ist der Name eines germanischen Volkes, das nach Tac. Germ. 34. östlich von den Chamavern, also östlich von der Ems wohnte. Später erscheinen sie am Niederrhein. Meistentheils werden sie Chasuarii genannt. Tac. Germ. 34. Χαττουάριοι bei Strabo VII. 3.; der Name Attuarier findet sich bei Vellej. II. 105, wo sie als germanischer und Amm. Marc. XX. 10, wo sie als fränkischer Stamm erscheinen.

Aulerken, nach Liv. V. 34. einer jener gallischen Stämme, die nach Oberitalien zogen. Sie zerfielen in folgende Stämme: a) A. Brannovices, die nach Caes. b. g. VII. 75. in der Nachbarschaft der Aeduer wohnten; b) A. Diablintes Caesar III. 9. und Cenomani nach Polyb. II. 19. bleibend in Italien und

c) A. Eburovices im südöstlichen Theile der Normandie und theils in Isle de France mit der Hauptstadt Mediolanum-Evreux. Caes. b. g. III. 17.

B.

Bacenis, nach der gewöhnlichen Annahme die westliche Seite des Thüringer-Waldes im Fuldaischen. Nach der Meinung Anderer der Harzwald. Caesar b. g. VI. 10.: Cheruscos ab Suevis, Suevosque ab Cheruscis injuriis incursionibusque prohibet.

Bataver, die, sind Sprößlinge des Cattenstammes und wanderten schon früh vor Cäsars Zeiten bei innerlichen Unruhen aus Germanien, so daß sie dem Cäsar als ein altes gallisches Volk gelten. Zu dieser Zeit wohnten sie auf der insula Batavorum (Tac. hist. IV. 12.), einem Eilande, das vorn vom Ocean, rückwärts vom Rheinstrome bespült wird. Genauer wird sie vom Rheine, von der Waal mit der Maas und vom Ocean gebildet. Caesar b. g. IV. 10.

Bibracte, eine Stadt der Aeduer, wahrscheinlich das spätere Augustodunum, jetzt Autun. Caesar b. g. I. 23. Tac. ann. III. 43. Apud Aeduos... Augustodunum caput gentis etc.

Bingium, Stadt am Rhein, Tac. hist. IV. 70. Jetzt Bingen in Hessen-Darmstadt in schöner Lage am Rhein und der Nahe. Im Rhein der Rheinstrudel, Bingerloch mit dem Hattos oder Mäusethurm.

Bituriger, die, ein großes gallisches Volk (Caesar b. g. VII. 15.), das nach Liv. V. 34. unter den Einwanderern in Italien sich befand. Sie wohnten zwischen den Carnuten, Arvernern und Aeduern, von denen sie der Liger trennte. Caes. b. g. VII. 5.

Böhmen, das Königreich, ein österreichischer Erbstaat. Die Grenzen des ringsum von Gebirgen umschlossenen Landes sind nach NO. Schlesien, NW. Sachsen, SW. Bayern, S. Oesterreich, SO. Mähren, vide Boihemum.

Boihemum; boiohemum, id regioni quam incolebat Maroboduus, nomen. Vellej. II. 109. — Seiner Bedeutung nach Heimath der Bojer.

Bojer, die, sind ein ursprünglich gallisches Volk (Tac. Germ. 38.), das zu verschiedenen Zeiten an andern Sitzen erscheint. Bei Liv. 34. 35. treffen wir sie zwischen den Alpen und Apenninen; dieser Theil des mächtigen Stammes hatte vielfach mit den Römern zu kämpfen. In späterer Zeit treffen wir Bojer an der Donau und in Böhmen, wo sie den Cimbern und Teutonen Widerstand leisteten, aber später den Markomannen erlagen. Bei Caesar b. g. I. 4. 29. erscheinen sie mit den Helvetiern vereinigt. — Viele haben zu zeigen versucht, daß Germanien für das Vaterland der Bojer zu halten sei, da schon der Name, der bei Erforschung der Völkersitze immerhin Aufschluß geben mag, als Beweis dienen kann.

Brukterer, die, ein germanisches Volk, das an der Ems unter den Friesen gegen Osten und Norden wohnte; gegen Westen neben den Tenchterern, gegen Süden an der Lippe Tac. ann. I. 60. hist. IV. 61. Sie zeichneten sich besonders gegen Varus rühmlichst aus.

C.

Caesia silva; Tac. ann. I. 50. Er ist ohne Zweifel in der Gegend von Wesel zu suchen, gegenüber der Gegend von Vetera, wo Germanicus über den Rhein ging.

Carnuten, die, ein gallisches Volk (Caesar b. g. II. 35. V. 25.) am Liger, besonders an der Nordseite desselben, jetzt Chartrain und Orléans. Sie waren unter den Völkerschaften, die nach Liv. V. 35. in Italien eindrangen.

Carnutum, eine Stadt an der Donau in Pannonien. Sie war namentlich im Markomannenkriege und auch sonst als Standort der Legionen von Bedeutung. Vellej. II. 109.

Catten, die, sind ein germanisches Volk, dessen Wohnsitze schwierig genau zu bestimmen sind. Tac. Germ. 30 sagt: „und seine Catten begleitet der hercynische Wald und verläßt sie;" c. 36. nennt er an ihrer Stelle die Cherusker und führt sie als Besieger der Letztern an. Im Allgemeinen dürfte d. j. Hessen in etwas größerem Umfange ihr Wohnplatz gewesen sein. Tac. hist. IV. 37. ann. XIII. 57. XII. 27. Cassius Dio LIV. 32.

Cenomanen, die, ein gallisches Volk, der Hauptstamm der Aulerken; s. d.

Celten. So hießen die Griechen die nördlichen Völker Europa's; nur verschiedene Formen dieses Namens sind die Gallier und Galater. Erst seit Cäsars

Zeiten unterscheiden die Römer zwischen Germanen und Celten oder Galliern, obwohl auch fortan noch häufig Verwechslung, wenigstens bei einigen Autoren, herrscht.

Chaucen, die, ein germanisches Volk, wohnten nordwärts der Ems bis zur Elbe hin und werden in die Größeren und Kleineren eingetheilt. Im Norden dehnten sie sich bis zur Küste aus und die südliche Grenze war wahrscheinlich die Rahe. — Tac. Germ. 35. ann. I. 38. II. 24. XIII. 55. hist. IV. 79. C. Dio LIV. 32 etc.

Cherusker, die, ein germanisches Volk, das zwischen der Weser und der Elbe, dem Harz und der Aller wohnte und in der Geschichte als das edelste germanische Volk berühmt ist. Tac. Germ. 36. Ann. I. 57 etc. Vellej. II. 117—120. C. Dio LVI. 18. Caes. b. g. VI. 10.

Cimbern, die, ein ohne allen Zweifel germanisches Volk, das aller Wahrscheinlichkeit nach auf dem Chersonesus cimbrica j. Halbinsel Jütland seine Wohnsitze hatte. Tac. Germ. 37. Ptol. II. 11. Ob ihr Gebiet sich noch weiter erstreckt habe, wissen wir nicht, da sogar die ihnen gewöhnlich zuerkannten Sitze von Vielen bezweifelt werden. Als Beweis ihrer Größe, Macht und Tapferkeit diene der gegen die Römer geführte Krieg.

Clusium, eine volkreiche Stadt in Etrurien, Liv. V. 56. Polyb. II. 25. ist für uns im Kampfe gegen die Gallier von Bedeutung geworden.

D.

Dacien hieß das Land, welches jetzt Siebenbürgen, Moldau und Wallachei genannt ist. Die Grenzen waren nordwärts die Carpathen, südwärts die Donau, westwärts die Theiß und ostwärts nahezu der Dniester.

Dalmatien, jetzt ein Königreich im Kaiserthume Oesterreich. Es grenzt im N. an Kroatien, im O. an die Herzogewina, Skutari und Montenegro, im S. und W. an das adriatische Meer, an dem es ein schmales von NW. nach SO. gestrecktes gebirgiges Küstenland bildet. In der alten Zeit war es ein Theil des großen Landstriches, den die Griechen und Römer Illyrien nannten.

Detmold, Haupt- und Residenzstadt in Lippe-Detmold an der Werre, ist freundlich gebaut. In der Nähe wird auf der Grotenburg Armin's des Cheruskers kolossales Standbild errichtet.

Donau, ein mächtiger Strom Germaniens, heißt bei den Griechen Ἴστρος (namentlich Herodot IV. 49. 50 u. 99.) und erst später Danubius (Caesar VI. 25.); in der Kaiserzeit bildet er etwa von dem jetzigen Regensburg an die Grenze des römischen Reiches. Als natürlichste Quelle kann man die im Schloßhofe zu Donaueschingen annehmen. Die Zahl der Ausmündungen wird als sehr verschieden bei Verschiedenen bezeichnet. Herodot IV. 47. (Ἴστρος πεντάστομος) nimmt fünf an, Tac. Germ. 1. dagegen sechs, da er sagt: Die Donau quillt aus dem sanft und gemach aufsteigenden Rücken des Berges Abnoba

(Schwarzwald), läuft zu mehreren Völkerschaften, bis sie durch sechs Arme in's pontische Meer ausströmt. Der siebente verliert sich in Sümpfe.

E.

Eburonen, die, ein germanisches Volk, das über den Rhein ging und in Gallia belgica auf beiden Seiten der Maas (in der Gegend von Lüttich und Aachen) wohnte. Später erschienen an ihrer Stelle die Tungrer. Caes. b. g. II. 4. IV. 6. V. 24.

Eder (Adrana Tac. ann. I. 56.), Fluß im jetzigen Kurhessen; sie entspringt auf dem Westerwalde in der preußischen Rheinprovinz, geht durch Preußen, Hessen, Kurhessen, Waldeck und wieder Kurhessen und mündet oberhalb Kassel in die Fulda.

Elbe (Albis), ein, wie Tac. Germ. 41. sagt, berühmter und wohlbekannter germanischer Fluß, ist geschichtlich namentlich in den Feldzügen des Drusus und Germanicus berühmt geworden, da er das Ziel der römischen Eroberungen war. Vellej. II. 106. Tac. ann. IV. 44.

Ems (Amisia Tac. ann. II. 8.), Fluß in Germanien; sie entspringt in Lippe-Detmold am Westabhang des Osning oder südöstlichen Teutoburgerwaldes, fließt durch die Sennerheide, durch Westphalen, tritt dann in Hannover ein und geht aus der Richtung NW. in N. über bis gegen die Mündung in den Dollart.

F.

Fossa Drusi, ein von den Soldaten des Drusus gegrabener Canal (Tac. ann. II. 8.), mittelst dessen man aus dem Rheine in die Zuyderſee und von da in den Ocean gelangen konnte. Nach Suet. Claud. 1., welcher fossas novi et immensi operis, quae nunc adhuc Drusinae vocantur, erwähnt, wären im Lande der Bataver mehrere ſolche Canäle geweſen.

Forum Julium, eine Stadt im narbonenſiſchen Gallien (Tac. ann. II. 63. Agr. c. 4.), unweit Maſſilia, jetzt Frejus im ſüdlichen Frankreich.

Frieſen, ein germaniſches Volk, das zwiſchen dem Rhein, der Iſſel und der Ems bis zur Nordſee wohnte. Als Nachbarn hatten ſie die Chaucen, Brukterer, Marſer und nach deren Ausrottung die Chamaver und Caninefaten. Tac. Germ. 34. ann. I. 60. II. 24. C. Dio LIV. 32.

G.

Gallia narbonensis ſ. Gallien. In ſpäterer Zeit wurde die Provincia rom. oder G. narb. in 4 Theile getrennt: narb. prima, narb. secunda, Alpes maritimae und Provincia viennensis.

Gallien hieß das Land zwiſchen dem Rheinſtrome, dem britiſchen Ocean, den Pyrenäen und dem mittelländiſchen Meere. Cäſar unterſchied drei Theile: Aquitania, Celtica und Belgica (Caesar b. g. I. 1.). Agrippa theilte es in 4 Provinzen: 1. Provincia rom. oder Gallia narbon., 2. Aquitania, 3. Belgica und 4. Gallia lugdun.

Gallier, die, hießen, bevor ſie den Römern bekannt wurden, Celten, und theilten dieſen Namen mit den Bewohnern Germaniens, Britanniens und Spaniens bis zu Cäſar's Zeiten. Caesar b. g. VI. 13—21. Liv.

Liv. V. 34. Polyb. II. 21. Herod. IV. 49 etc. Caes. V. 12. I. 1.

Germanen. Ueber ihren Ursprung und die Bedeutung des Namens gibt uns Tac. Germ. 2. einige Nachricht. Nach der gewöhnlichen Annahme von dem Worte Ger, d. i. Speer, also eigentlich Wehr- oder Kriegs-Männer. — Siehe Germanien.

Germanien. Bezüglich der Grenzen sagt Tac. Germ. 1.: „Ganz Germanien trennt von den Galliern, Rhätiern und Pannoniern der Rhein und die Donau; von den Sarmaten und Daciern gegenseitige Furcht oder Gebirge. Das Uebrige umgibt der Ocean, der weite Buchten umfaßt und Inseln und unermeßenen Umfangs." Demnach begriff zur Zeit des Tacitus Germanien alles Land in sich, das jenseits des Rheines zwischen Rhätien, Noricum, Pannonien bis hinauf an das europäische Sarmatien und Dacien und hin bis an den äußersten Ocean vom Ausflusse des Rheines bis an den finnischen Meerbusen sich erstreckte. Man nannte dieses Land Germania magna und transrhenana; hingegen was die Römer am linken Rhein-Ufer erobert hatten, hieß Germania cisrhenana. Die östliche Grenze läßt Tacitus unbestimmt und Plinius übergeht sie.

Gothen, die, ein germanisches Volk, wohnten im östlichen Germanien und hatten die Lygier, Rugier und Lemovier zu Nachbarn, während im Osten die Weichsel sie begrenzte. Tac. Germ. 43. In späterer Zeit verließen sie jedoch bei zunehmender Volksmenge ihre Wohnsitze und breiteten sich in andern Ländern aus.

Gugerner, die, ein germanischer Volksstamm, der zu den Sigambern gehörig, sich zwischen den Ubiern und Batavern angesiedelt hatte. Tac. hist. IV. 26. V. 16.

H.

Harz. Das eigentliche Harzgebirge beginnt im Osten im Mansfeldischen, zieht durch Anhalt-Bernburg, die Grafschaft Stolberg, Hohenstein, Wernigerode, einen Theil vom Halberstädtischen und Blankenburg, Wolfenbüttel und Gruberhagen und endigt gegen Westen bei der braunschweig. Stadt Seesen. Durch den Brocken ist er in Ober- und Unterharz getheilt.

Helvetier, die, sind ein gallisches Volk zwischen dem Rhodanus (Genfersee) und Rhein, dem Jura-Gebirge und den rhätischen Alpen (Caesar b. g. I, 2.). Sie waren in folgende vier Gaue getheilt: a) Tigurinus (Caes. b. g. I, 12.), b) Verbigenus (Caesar I, 27.), c) Tugenus u. d. Ambronicus.

Hermunduren, die, sind ein germanisches Volk, von dem Tac. Germ. 41. sagt, daß sie sich in's Innere Germaniens erstrecken. Sie wohnten zwischen der Saale, den Main und der Elbe (Vellej. II. 106.) und sogar bis an die Donau in Bayern und Thüringen. Ihre Nachbarn waren die Catten, Senonen und, wie es scheint, die Cherusker.

Herzynische Wald, der, ist nach Caesar b. g. VI. 25. der Gesammtname für die zusammenhängenden Gebirgswälder, die Deutschland vom Rhein und den Grenzen der Nemeter und Rauraker an nördlich von der Donau in der geraden Richtung ihres Laufes nach Osten bis nach Ungarn durchzogen. Tac. Germ. 30. sagt, er durchliefe das Land der Catten.

Hunse (Unsingis Tac. ann. I. 70.?), Fluß in den Niederlanden; sie entspringt in der Provinz Drenthe, bildet auf der Nordgrenze derselben das Zuilaarder-Meer, fließt daraus in die Provinz Gröningen und mündet in den Lauwer-Zee, einen Golf der Nordsee.

J.

Idistaviso, (Tac. ann. II. 16.) nach J. Grimm Idistaviso-Frauen- oder Nymphenwiese. Man sucht es bei Oldendorf auf der rechten Seite der Weser zwischen Rinteln und Hameln.

Idstein, eine Stadt in Nassau, N. v. Mainz.

Illyrien war vor den Kriegen der Römer in jenen Gegenden der Gesammtname aller Völker, die westlich von Thessalien und Macedonien, und von Italien und Rhätien östlich bis an den Ister hinauf wohnten. Jetzt ist es ein Königreich im Kaiserthume Oesterreich, das sich mit der großen Landspitze Istrien tief in das adriatische Meer südwärts streckt.

Insel der Bataver Tac. hist. IV. 12. Caes. b. g. IV. 10. Sie wird vom Rhein, von der Waal mit der Maas und vom Ocean gebildet.

Insubrer, die, sind ein gallisches Volk in Gallia transpadana mit der Hauptstadt Mediolanum. Liv. V. 34.

Issel (Yssel), hier zunächst die Over-Issel, entsteht in der niederländischen Provinz Geldern bei Doesburg durch Vereinigung der alten und neuen Issel und fließt auf der S.Ostseite in die Zuydersee.

Italien, die bekannte große von den Griechen Hesperien genannte Halbinsel im Mittelmeer. Man theilte es in Oberitalien, von den Alpen bis zu den Flüssen Rubico und Macra; in Mittelitalien vom Rubico und Macra bis zum Silanus und Frento; und in Unteritalien von diesen Flüssen bis zu den südlichen Spitzen.

Jütland, ehemals Chersonesus cimbrica (Tac. Ger. 37. Strabo VII.) eine große dänische gegen Norden gestreckte Halbinsel, sie grenzt im W. und N. an die Nordsee, im O. an die Ostsee, im S. an Schleswig.

L.

Ligurisches Meer heißt ein Theil des Mittelmeeres, im Süden von Genua.

Lingonen, die, sind ein gallisches Volk, das an den Vogesen um die Quellen der Maas und Marne (Caesar b. g. IV, 10.) nördlich bis zu den Grenzen der Trevirer C. b. g. VI. 44. und südlich bis zu den Sequanern Caes. b. g. I. 40., Tac. hist. IV. 67. wohnte. Auch von ihnen schließt sich ein Theil der Wanderung nach Italien an. Liv. V. 35.

Lippe (Cass. Dio LIV. 32.), ein Nebenfluß des Rheins, entspringt in Lippe-Detmold im lippischen Wald und mündet bei Wesel.

Lippspring, Stadt in Preußen, Regier.Bezirks Minden, am Ursprung der Lippe.

Lise, ein Nebenfluß der Lippe; an deren Zusammenflusse soll das Castell Aliso (Tac. ann. I. 56. II. 7.) gelegen gewesen sein. Uebrigens lassen sich nähere Bestimmungen über den Fluß Aliso (nach C. Dio LIV. 32. Ἐλίσων) nicht geben. (S. Ripperdey ab exc. d. A. p. 74.)

Longobarden, die, gehören ihrer Abstammung nach zu den Sueven. Ihren Namen sollen sie von den Börden, langen fruchtbaren Strichen, die sie bewohnten, haben. Wir treffen sie zuerst an der linken Elbe (Vellej. II. 106.); jedoch scheinen sie sich sodann auf das rechte Ufer gezogen zu haben. Im S. sind die Senonen, im W. die Cherusker, und im N. die suevischen Völker als Reudigner, Avionen, Angeln ihre Nachbarn. Tac. Germ. 40. Später schloßen sie sich gegen Marbod dem Cherusker-Bund an. Tac. ann. II. 45.

M.

Maas (Mosa, Caes. b. g. IV. 10. 15. Tac. ann. II. 6. hist. IV. 28.), Fluß, entspringt in Frankreich, im S. des Depart. Haute-Marne, geht nach Belgien und tritt in das niederländische Limburg über und kommt mit der südlichen Rheinmündung Waal in Berührung. Weiter unterhalb scheidet er sich in die beiden Arme: Merwe, der in die Waal fließt und Oude-Maas, die in den Bies-Bosch mündet, mit den Scheldemündungen in Berührung kommt und in die Nordsee fließt.

Mainz (in der alten Zeit Magontiacum Tac. hist. IV. 24. 37. 59. 61 etc.), Stadt und Bundesfestung in Hessen-Darmstadt, an der Mündung des Mains in den Rhein. Der Eichelstein (monumentum Drusi) etc.

March (Marus, Tac. ann. II. 63.), ein Nebenfluß der Donau; entspringt S. am Schneeberg in Mähren und mündet oberhalb Presburg.

Marsen, die, ein germanisches Volk, das zwischen der Lippe und Ruhr wohnte, zum Bunde der Cherusker gehörte und erst seit der Varus-Niederlage (bei Tac. I. 50.) von Bedeutung wird. Tac. Germ. 2. gedenkt nur ihres Namens, ohne von ihnen selbst etwas zu berichten.

Mattium, die Hauptstadt der Catten, in der Nähe der Eder (Adrana) und zwar Tac. I. 56. im Norden ihres östlichen Laufes; übrigens herrschen über den Ort mehrere nicht zu erweisende Vermuthungen, da man theils Marburg, theils Maden ꝛc. für die richtige Stelle halten zu sollen glaubt.

Mediolanum, Hauptstadt der Insubrer in Gallia transpadana, von den unter Bellovesus in Italien eingedrungenen Galliern gegründet. Liv. V. 34.

Menapier, die, ursprünglich ein germanisches Volk an beiden Ufern des Rheins, wurden von den Usipetern und Tenchterern aus ihren Wohnsitzen verdrängt (Caes. b. g. IV. 4.) und scheinen sich auf dem linken Ufer bis gegen die Schelde hin verbreitet zu haben. Ihre Nachbarn waren die Moriner, Nervier Caes. b. g. VI. 33. und Eburonen Caes. VI. 5.

N.

Nemeter, die, ein germanisches Volk am linken Rhein-Ufer, in der Gegend von Speier. Caes. b. g. I. 51. Tac. Germ. 28. Tac. ann. XII. 27.

Nola, eine alte Stadt in Campanien, nach Polyb. II. 17. von den Ausoniern gegründet, aber nach Vellej. I. 7. ein tuscischer Ort. Tac. ann. I. 9.

Noreja, Hauptstadt der Tauristker in Noricum, jetzt der Flecken Neumarkt in Steiermark. Durch die Niederlage der Römer unter Papirius Carbo gegen die Cimbern bekannt. Liv. epit. LXIII. 27.

Noricum umfaßte einen großen Theil von Ober- und Niederösterreich und von Steiermark, Kärnthen, einen Theil von Krain, das Innviertel, Tyrol und Salzburg und war gegen N. von der Donau, gegen O. durch den Berg Cetius, gegen S. von der Sau und gegen W. vom Inn begrenzt. Vellej. II. 109. Caes. b. c. I. 18.

O.

Osning, ein Waldgebirge im Lippischen, nordwestlich von der Diemel bei Stadtbergen; es heißt auch der lippesche Wald.

P.

Pannonien, eines der Süddonau-Länder, das im W. durch den Berg Cetius (Kahlenberg) und die norischen Alpen von Noricum, durch die jul. Alpen von Oberitalien, im S. durch die Sau von Illyrien, im O. durch die Donau von Dacien geschieden war und im N. an Germanien grenzte. Tac. ann. I. 16. Vellej. II. 110. C. Dio LIX. 34.

Pontes longi, die sogenannten langen Brücken wurden von L. Domitius (Tac. ann. IV. 44.) angelegt. Tac. ann. I. 63. Sie waren ein zwischen fortlaufenden Waldhöhen in der Tiefe aufgeworfener Dammweg mit einzelnen Ueberbrückungen und zwar zwischen Dülmen und Borken in Westphalen. Nach Nipperdey auf unsicheres Erdreich gelegte Balken und Bohlen.

Q.

Quaden, die, sind ein germanisches Volk, das zwischen den Markomannen, Geten und Daciern längs der Donau, also in einem Theile von Oberschlesien, Mähren und Niederösterreich bis Ungarn wohnte. Gegen Osten haben sie jedoch ihre Grenzen erweitert, als die Marcomannen-Fürsten Marbod und Catualda vertrieben und Vannius, ein geborner Quade, von den Römern ihnen zum Könige gegeben worden war. Tac. Germ. 42. Ann. II. 45. 63.

R.

Raudische Ebene, die, bei Verona, ist berühmt durch die gegen die Cimbern gelieferte Schlacht. Vellej. II. 12. Flor. III. 3.

Ravenna, eine Stadt in Gallia cispadana am Flusse Bedesis unweit seiner Mündung in's adriatische Meer. In ihr wurde Armin erzogen Tac. ann. I. 37. und Marbod daselbst gefangen gehalten Tac. ann. II. 63.

Rhätien war eine der römischen Donauprovinzen, zwischen den Alpen, dem Inn, Vindelicien und Helvetien; es umfaßte also vorzüglich Graubünden und

Tirol. Vellej. II. 39. Tac. hist. I. 11. Cass. Dio LIV. 22. Tacitus in der Germania c. 41. rechnet auch Vindelicien dazu.

Rhein (Rhenus); von ihm sagt Tac. Germ. 1.: „Auf der rhätischen Alpen unerstiegenem und jähen Gipfel entsprungen wendet er seinen Lauf gegen Abend und ergießt sich in den nördlichen Ocean." Er bildete vorzüglich den Grenzstrom zwischen Gallien und Germanien. Ueber die Theilung vor seiner Mündung finden sich bei den Alten so verschiedenartige Ansichten, daß wir nur auf einige Stellen hinweisen können: Tac. ann. I. 63. 70. II. 6. 8. XIII. 53. hist. V. 23. Caes. b. g. IV. 10. 17.

Rhodos, Eiland im Mittelmeere, der südlichsten Spitze von Carien in Kleinasien gegenüber mit der Hauptstadt gleiches Namens, welche durch Reichthum, ausgebreiteten Handel und den berühmten Colossus (eine ungeheure Bildsäule des Sonnengottes aus Erz) merkwürdig ist. Der Colossus ist bei Plinius XXXIV. beschrieben. In der ältesten Zeit soll Rhodos ein Eigenthum der Heliaden (Sonnenkinder, Anbeter Eines Gottes unter dem Bilde der Sonne) gewesen sein.

S.

Salluvier (Liv. V. 35.), der mächtigste und berühmteste unter den ligurischen Volksstämmen, wohnten westlich von den Alpen in dem Küstenstriche zwischen der Rhone und den Seealpen, so daß Massilia, Aquae Sextiae in ihr Gebiet gehörten.

Seealpen, ein Theil der West-Alpen, vom M. Viso südwärts bis zum Meere. (Alpes maritimae Tac. ann. XV. 32.)

Senonen (bei den Griechen auch Σέμνωνες), ein gallisches Volk Caesar b. g. V. 54. 56. in Gallia lugdunensis, das nördlich an die Parisii, westlich an die Carnuten, südlich an die Aeduer und östlich an die Lingonen grenzte. Auch sie befanden sich nach Liv. V. 35. unter den in Italien eingewanderten gallischen Völkerschaften, wo sie in heftigen Kampf mit Rom kamen. Liv. V. 36.

Sequaner, die, ein gallisches Volk in Gallia celtica, westlich von der Saone, östlich vom Jura und vom Rhein, nördlich von den Vogesen begrenzt und südlich bis gegen die Rhone hinab. Caesar b. g. I. 2. 8. 11. Hauptstadt Vesontio, Besançon. Sie waren nach den Aeduern und Arvernern das mächtigste Volk in Gallien C. I. 31.

Sigambern, die, ein erwähnenswerthes Volk Germaniens, das ursprünglich an der Sieg Caes. b. g. IV. 16. 35. und zwar nördlich von den Ubiern wohnte und sich von da gegen die Lippe nach N. hin ausbreitete. Ein Theil von ihnen ward später nach Gallien verpflanzt.

Spanien, Hispania, heißt bei Polyb. III. 37., Herod. I. 163. Iberien, das sich ursprünglich auf die Gegend zwischen dem Iberus und den Pyrenäen beschränkte, später aber auf die ganze Halbinsel ausgedehnt wurde. Seit den punischen Kriegen theilte man es in Citerior (Liv. XXXII. 28., Flor. IV. 2.) und Ulterior (Liv. XXXII. 28. Tac. ann. IV. 13. Flor. IV. 2.), zwischen welchen der Iberus die Grenze bildete. In späterer Zeit theilte man es in Tarraconensis, Lusitania und Baetica.

Sueven, die, eine Zahl germanischer Völkerschaften (Tac. Germ. 38. hist. I. 2., Ann. II. 44. XII. 29.), die so ausgebreitet sind, daß sie nach Tac. Germ. 2 und 45. das ganze östliche Germanien von der Donau bis zur Ostsee bewohnten. Nach Caes. b. g. IV. 3. 19. wohnen sie östlich von den Ubiern und Sigambern und der Bacenis-Wald trennt sie von den Cheruskern. Caes. b. g. VI. 10.

Syrien wurde nach Besiegung des Mithridates und Tigranes durch Pompejus 64 v. Chr. römische Provinz. Es grenzte im engern Sinne im O. an den Euphrat, im S. an Arabien, im W. an Palästina, Phönizien und das Mittelmeer.

T.

Tamfana; Tac. ann. I. 51. sagt templum quod Tamfanae vocabant; es ist aber nicht ein Tempel in unserm Sinne, welche die Germanen nach Tac. Germ. 9. nicht hatten, sondern etwa wie Germ. 40. ein heiliger Hain mit Altar und ähnlichen Baulichkeiten zum Cultus. Die Lage dieses Heiligthumes ist nicht auszumitteln.

Taunus, Gebirge in Germanien, in dem nördlichen Winkel, den der Rhein und Main durch ihren Zusammenfluß bilden. Es ist wahrscheinlich kein anberes, als die Höhe, was selbst der Name bestätigt; denn Dune bedeutet Höhe, wovon Taunus nur latinisirt zu sein scheint. — Daselbst baute Germanicus in seinem zweiten Feldzuge ein Castell auf der Stelle desjenigen, das sein Vater hier aufgeführt hatte. Tac. ann. I. 56. XII. 28.

Tenchterer, ein germanisches Volk, das nach Gallien ging und von Cäsar über den Rhein zurückgetrieben am Rheine zwischen der Sieg und Ruhr wohnte und im S. die Sigambern, im O. die Tubanten, im NO. die Marser zu Nachbarn hatte. Tac. Germ. 22. Caesar b. g. IV. 1. 4. Tac. ann. XIII. 56. hist. IV. 21.

Teufelsmauer nennt man den Rest eines Theiles jener zusammenhängenden römischen Befestigungslinie, durch welche die Römer den unterworfenen Theil des südwestlichen Germaniens und besonders die decumatischen Aecker zwischen dem Rheine und der Donau (Tac. Germ. 29.) gegen Angriffe vom freien Germanien her gedeckt hatten. Als Ganzes wird dieses mehr als siebzig deutsche Meilen lange Werk in der Geschichte dem Kaiser Hadrian zugeschrieben; doch schreiben sich einzelne Theile sicher schon von der Zeit des Drusus her. (Näheres Pauly, Real-Encyclop. Bd. 3. Germani.)

Teutoburger-Wald. „Diese Benennung kann nur auf denjenigen Theil des Osnings angewandt werden, welcher zwischen den beiden, von der Lippe bei Neuhaus und Lippspring, durch die Dören und unter dem Falkenberg her, durch das Gebirge führenden Pässe eingeschlossen ist." (Nach den Forschungen Clostermeiers. Die Ansichten Clostermeiers sind in einer neuen Schrift von Reinking „die Niederlage des Q. Varus" widerlegt, wornach die Varus-Niederlage zwischen Lippstadt und Hamm erfolgt sein soll.) Hier schlug Armin den Varus. Tac. I. 60. C. Dio LVI. 20. 21.

Teutonen, die, sind eine durch ihre Theilnahme am Kriegszuge der Cimbern gegen die Römer berühmt gewordene germanische Völkerschaft, die auch später noch zwischen der Elbe und Oder an den Küsten der Ostsee vorkömmt. Caes. b. g. II. 4. I. 33. Flor. III. 3. Plut. Mar. 24. Liv. LXIII. 19.

Ticinum, jetzt Pavia, eine alte Stadt in Gallia cisalpina. Tac. ann. III. 5. hist. II. 17. 88.

Tiguriner, jener der vier Gaue der Helvetier, der sich im cimbrischen Kriege betheiligte. Caes. b. g. I. 12. Flor. III. 3.

Toxandrer, die, ein Volk in Gallia belgica an der Schelde zwischen den Menapiern und Morinern. Plin. IV. 17. 31.

Trevirer, die, ein ursprünglich vielleicht germanisches Volk (Tac. Germ. 28. Caes. b. g. VIII. 25.), das nördlich von den Tribokern und Mediomatrikern, südlich von den Nerviern wohnte und westlich bis zu den Remern, östlich bis an den Rhein sich ausdehnte. Caes. b. g. V. 3. 55. I. 37. Tac. hist. IV. 70.

Triboker, die, ein germanischer Volksstamm, der sich in Gallia belgica zwischen den Vogesen und dem Rhein in der Gegend von Straßburg niedergelassen hatte. Caes. b. g. IV. 10. I. 51. Tac. Germ. 28. hist. IV. 70.

Tubanten, die, eine germanische Völkerschaft, die zu des Germanicus Zeiten am südlichen Ufer der Lippe wohnte. Tac. ann. I. 51. XIII. 55.

Tungrer, die, sind ein von Germanien aus in Gallia belgica angesiedelter Volksstamm, der daselbst zwischen der Schelde und Maas wohnte und die Nervier und Ubier zu Nachbarn hatte. Tac. Germ. 2. hist. IV. 55. 79.

Tuscier hießen die Bewohner Etruriens am tyrrhenischen Meere, das von Ligurien durch den Macra, von Gallia cispadana durch die Apenninen und durch die Tiber von Umbrien, Sabinum und Latium geschieden war.

U.

Ubier, die, ein germanisches Volk, sind zu Cäsars Zeiten noch auf dem rechten Rheinufer (Caes. b. g. I. 54. IV. 3. VI. 9.), von Agrippa aber 36 v. Chr. wurden sie am linken Ufer zwischen den Tungern und Gugernern im Gebiete der Trevirer angesiedelt. Tac. Germ. 28. Tac. ann. XII. 27.

Usipeter, die, ein germanisches Volk, das von den Sueven vertrieben, nach Gallien kam und dort von Cäsar hart mitgenommen wurde. Caes. b. g. IV. 4. Den Rest finden wir später im Lande der Sigambern am nördlichen Ufer der Lippe. Tac. ann. XIII. 55. wo sie die Wohnsitze der Chamaver und Tubanten einnahmen.

V.

Vangionen, die, ein germanisches Volk (Tac. Germ. 28.), später wohnhaft in Gallia belgica am linken Rheinufer unterhalb der Nemeter. Tac. ann. XII. 27. hist. IV. 70.

Vercellä, eine Stadt in Gallia cisalpina (Plut. Mar. 25.), bekannt durch die in ihrer Nähe vorgefallene Schlacht gegen die Cimbern.

Vesontio am Dubis, die Hauptstadt der Sequaner in Gallia celtica, wo Cäsar den Ariovist schlug. Caesar b. g. I. 38.

Vetera (castra), ein römisches Lager am Rhein in der Nähe des heutigen Xanten. Tac. ann. I. 45.

Vindelicien, die nordwestliche der römischen Donau-Provinzen, grenzte gegen N. an Germania magna, wovon es die Donau schied, gegen W. an die Helvetier in Gallien, gegen S. an Rhätien und Noricum und gegen O. an Noricum, wovon der Inn schied. Tac. hist. III. 5. Von den Vindeliciern Tac. ann. II. 17. Vellej. II. 39. Hor. Od. IV. 4. Suet. Aug. 21. Ihr Hauptort war Augusta Vindelicorum.

W.

Waag (Cusus Tac. ann. II. 63.), ein Nebenfluß der Donau in Ungarn. Mündung Guta gegenüber in einen Arm der Donau.

Waal (Vahalis, confluentes Mosae et Rheni Caes. b. g. IV. 15.), ein Hauptarm des Rheines in den Niederlanden, Pr. Nordbrabant, nimmt die Maas auf und theilt sich in die West-Kill und Merwe.

Werra ist der östliche der beiden Quellarme der Weser, die er bei seinem Zusammenflusse mit der Fulda bei Münden in Hessen bildet.

Weser (Visurgis Tac. ann. II. 9. Vellej. II. 105.), einer der Hauptströme Germaniens, dessen südlichen Lauf und Entstehung die Römer nicht gekannt zu haben scheinen. Sie entsteht durch Vereinigung der Werra und Fulda bei Münden, fließt NW. durch preuß. Westphalen, Braunschweig, Kurhessen, Hannover, Bremen, auf der Grenze zwischen Oldenburg und Hannover in die Nordsee.

3.

Zuydersee, bei Tac. ann. I. 60. mehrere miteinander und mit dem Meere verbundene Seen (lacus), in die man auf der fossa Drusiana gelangte. Jetzt der größte Busen der Nordsee an der Küste Hollands.

CPSIA information can be obtained at www.ICGtesting.com
Printed in the USA
BVOW10s0034060114

341012BV00005B/53/P